Weiher · Mehr als begleiten

Erhard Weiher

Mehr als begleiten

Eine neues Profil für die Seelsorge im Raum
von Medizin und Pflege

Matthias-Grünewald-Verlag · Mainz

Der Matthias-Grünewald-Verlag ist Mitglied
der Verlagsgruppe engagement

Die Deutsche Bibliothek – CIP-Einheitsaufnahme

Weiher, Erhard:
Mehr als begleiten : ein neus Profil für die Seelsorge im Raum von
Medizin und Pflege / Erhard Weiher. – Mainz : Matthias-Grünewald-
Verl., 1999
    ISBN 3-7867-2158-0

Umschlag: Kirsch & Buckel Grafik Design GmbH, Wiesbaden
Satz: Jörg Eckart · DTP Studio Mainz
Druck und Bindung: Weihert-Druck, Darmstadt

ISBN 3-7867-2158-0

Inhalt

Vorwort

Was ist eigentlich die Profession der Seelsorge im modernen Krankenhaus?

Alle Angehörigen der verschiedenen therapeutischen Berufe haben eine klare Rollenumschreibung im komplexen Gefüge einer Klinik – und dazu gehören nicht nur eine feste Berufskleidung, sondern meist auch spezifische Instrumente, wenigstens aber klare Handlungs- und Behandlungsvorgaben. Solange noch bis weit über die Mitte des 20. Jahrhunderts hinaus die Kirchen ein integraler Bestandteil der Gesellschaft waren, brauchte ein Seelsorger (ein Mann natürlich) nur in ein vorgegebenes Gewand zu schlüpfen und seinen Platz in den vorhandenen Erwartungen einzunehmen.

Eine Vielfalt von Gründen hat dazu geführt, dass Seelsorger als Libero oder Libera*) zwar zu allen Bereichen des Krankenhauses Zutritt haben – aber wer interessiert sich für den Ball, den sie (zu-)spielen? Ist ihre Rolle spielmitgestaltend oder geht das große Spiel an ihnen vorbei? *Was hat die Seelsorge für Konzepte*, wenn sie schon keine Instrumente hat – oder zu haben beansprucht?

Im Lauf der 60-er Jahre musste sich die Seelsorge mehr und mehr mit den Humanwissenschaften – vor allem der Psychologie und Psychotherapie – auseinandersetzen, wollte sie nicht nur pastoral-pragmatisch bei sich allmählich überholenden Vorstellungen bleiben, sondern sich ihren eigenen Theoriedefiziten zuwenden und ihre Praxis kritisch reflektieren und sich kritischen Anfragen stellen.

‚Begleitung‘ wurde der Leitbegriff für die Identität der Krankenseelsorge. Daraus erwuchs die Versuchung, das Heil des eigenen Berufs durch Anleihen bei der Psychotherapie zu suchen, um wirksame Konzepte im Umgang mit Menschen in krisenhaften Lebenserfahrungen zu haben und sich professionell darstellen und behaupten zu können.

Dabei wurde *das Ureigene christlicher Seelsorge* in den letzten drei Jahrzehnten in der Begegnung mit der säkularen Welt oft nur verschämt und von vielen Selbstzweifeln begleitet in Beziehung gebracht und praktiziert. Inzwischen wächst die Erkenntnis, dass sich

---

*) Im Folgenden habe ich versucht, Formulierungen zu gebrauchen, die beide Geschlechter einschließen. Wenn diese nicht zur Verfügung standen, habe ich meist die männliche Formulierung gewählt, die weibliche ist dann selbstverständlich mitgemeint.

Seelsorge noch auf anderes besinnen muss, als nur auf ihre diakonische Funktion: Seelsorge ist ,mehr als Begleiten'!

Ist dieses ,Mehr' nicht ein überheblicher Anspruch? *Kann* Seelsorge etwa mehr und *tut* sie mehr als andere Berufe und Unterstützungsformen, deren wesentliches Merkmal ebenfalls das Begleiten ist (wie z.B. Psychotherapie, Lebensberatung, Pädagogik, Hospizarbeit, Pflege …)? Diese Berufe und Tätigkeiten verfügen im Gegenteil meist über ein differenzierteres Methoden- und Fachrepertoire als die Seelsorge. Ihnen gegenüber kann und tut Seelsorge *eher weniger.* – Es ist die Seelsorge selbst, die *das ihr immanente ,Mehr',* ihre ureigene ,Agogik' wieder neu herausarbeiten und riskieren muß: die Mystagogik, den ,Anschluß an das Heilige'.

Diesem Ureigenen der Seelsorge am Ende dieses Jahrhunderts Profil zu geben und es neu zur Geltung zu bringen, ist Anliegen dieses Buches. Dies geht freilich nicht mehr in einer früheren Naivität. Seelsorge im Krankenhaus ist umgeben und herausgefordert vom ständigen Modernisierungsdruck in Wissenschaft und Technik der Medizin und deren Anwendungsfolgen. Sie kann ihr eigenes Selbstverständnis nur in realistischer und offener Beziehung zu den Human- und Naturwissenschaften und den therapeutischen Handlungsfeldern entwickeln. Statt immer nur auf kritische Distanz zu gehen und Defizite im modernen Medizinbetrieb anzuklagen, gilt es, sich endlich *auf das Feld der Therapierenden einzulassen,* das System ,der Anderen' zu verstehen und herauszufinden, welche Ressourcen je für sich und welche gemeinsam zu nutzen sind. Erst dann kann Seelsorge nicht nur einen Exotenstatus beanspruchen (oder ein Nischendasein fristen), sondern auch sagen, welche *,Dienstleistung' im Ganzen einer Gesundheitseinrichtung* sie erbringen kann.

Dieses Buch richtet zwar zunächst den Fokus auf die Weiterentwicklung einer professionellen Krankenhausseelsorge. Es wendet sich aber auch an all die, die davon ausgehen, dass auch die ganz anders gearteten Professionen in Klinik, Altenheim, Hospizarbeit usw. eine seelsorgliche Bedeutung und Wirkung haben können. Und es richtet sich an alle die, die auf eine heutige Konzeption von Seelsorge neugierig sind und danach fragen, welche Chancen der Zusammenarbeit und des voneinander Lernens im modernen Seelsorgekonzept stecken. Hier werden konkrete Muster der Beziehungsgestaltung aber auch Fortbildungsmöglichkeiten vorgestellt.

In diesem Buch wird eher *erfahrungsbezogen-pädagogisch* argumentiert, weniger analytisch-theoretisch. Dennoch freue ich mich auf einen offenen Austausch auch über theoretische Hintergründe der vorgelegten Konzepte: Nur ein über- und interprofessioneller Dialog bringt uns weiter in die Zukunft. Davon bin ich umso mehr überzeugt, weil ich meinerseits viele meiner Grundgedanken im Austausch mit anderen Bereichen finden und entfalten konnte.

- Als Physiker von meiner ersten Ausbildung her haben mich schon immer die Frontbereiche der Wissenschaft gereizt – erst recht das Feld der Medizin, die *die Naturwissenschaft* und deren Produkte ganz unmittelbar auf den Menschen anwendet.
- Die langjährige Fortbildungsarbeit bei der Psychotherapeutin Z.M. Erdmann half mir entscheidend, die *heilende Dimension* der Seelsorge zu erschließen.
- In Fortbildung bei und Zusammenarbeit mit Dr. R. Smeding habe ich die *zyklischen Lernmodelle* kennen gelernt. Diese helfen nicht nur, das Erleben und die Gestaltungsprozesse von Menschen in Trauer und Krise zu erschließen, sondern auch Lernprozesse der Professionellen, also derer, die dem Leid und der Trauer anderer begegnen, anzustoßen und zu begleiten. Die zyklischen Modelle haben mich auf die Idee mit dem Drei-Pass und seinen Implikationen gebracht. Den vielen Diskussionen mit Frau Smeding verdanken ich wesentliche konzeptionelle Einsichten und Vertiefungen.
- Nicht um Wissenschaft geht es bei den *Begegnungen mit Patienten und ihren Angehörigen*. Diese unzählig vielen Menschen haben mir elementare Lebensdimensionen erschlossen. Ohne das zu beabsichtigen, haben sie meine menschliche und berufliche Erfahrung auf unmessbare Weise geprägt und vertieft.

Danken möchte ich aber auch allen, die mit mir zusammen den Seelsorgedienst ausüben, meinen Kollegen und Kolleginnen im Team der Klinik, auf Diözesanebene und darüber hinaus bei Fortbildungen und Kursen im kirchlichen Raum. Die KollegInnen der Diözese Augsburg haben mich zur Entwicklung eines Leitbildes eingeladen, woraus dieses Buch entstanden ist.

Nicht zuletzt möchte ich herzlichen Dank sagen an Frau Sommer, die das Manuskript besorgt hat, aber auch mir wichtigen Gesprächspartnern aus Theologie, Medizin, Seelsorge und anderen Heilberufen, die mit mir über Ideen diskutiert und das Manuskript gegengelesen haben: Friederike Böttcher, Reinhild Caelberg, Dr. Hans Duesberg, Dr. Gotthard Fuchs, Rita Göbel, Ingeborg Möller, Prof. Arno Schilson, Dr. Ruthmarijke Smeding, Dr. Friederike Störkel, Prof. Sascha Weilemann.

Mainz, Oktober 1998   *Erhard Weiher*

ERSTER TEIL:

EIN LEITBILD FÜR DIE SEELSORGE IM MODERNEN KRANKENHAUS

Ein Feld im Umbruch

„Seelsorge – was machen Sie da eigentlich?" Gelegentlich fragt mich ein Arzt oder eine Schwester direkt und interessiert sich für meine Tätigkeit. Dem Seelsorger im modernen Krankenhaus tut es gut, so unmittelbar gefragt zu werden. Aber ist er damit schon ein ‚gefragter Beruf'?

Seelsorge kann davon ausgehen, dass diese Frage häufig verdeckt im Raum steht und dass sich dahinter ganz unterschiedliche Themen verbergen. Sie kann ein ganz einfaches Erstaunen beinhalten, weil ein Krankenhaus ja in erster Linie für die medizinische Behandlung und die pflegerische Hilfe da ist. Sie kann kritisch in-Frage-stellend gemeint sein: „Was will eigentlich die Kirche in einer säkularen Einrichtung?" Oder sie kann mitleidig-verständnisvoll klingen: „Wie können Sie all den Kranken Trost spenden?" Oder auch: „Wer interessiert sich eigentlich für die Seelsorge in dieser großen Institution?" Seelsorge wird in Frage gestellt und muss sich selbst in Frage stellen: *Was ist ihre Rolle im modernen Krankenhaus?* Sie kann dies tun in Selbstmitleid: „Wer will schon etwas von uns?", oder aber aus Neugier und Interesse an sich selbst und dem Feld, in dem sie tätig ist. Die ‚Anfragen' kommen von außen und von innen:

- Krankenhaus und Medizin haben längst ihre eigene Logik, und sie entwickeln sich mit immer noch wachsender Dynamik. Letztlich ist es die Gesellschaft, die sich ‚ihre' Medizin schafft und die Rahmenbedingungen für ihre Gesundheitseinrichtungen setzt. Es ist dieselbe Gesellschaft, in der sich ein starker Wandel in der Wertelandschaft und in den religiösen Einstellungen vollzieht. Ist darin noch eine Rolle für die Seelsorge vorgesehen?
- Auch innerhalb der Kirchen – katholischen wie evangelischen – wird die Frage gestellt, ob man sich eine Seelsorge in so komplexen säkularen Feldern noch leisten kann, ob man angesichts des

11

abnehmenden Interesses an religiös-kirchlicher Tradition die Kräfte und Resourcen nicht besser auf die Gemeinden und ihre Kernbereiche konzentriert und ob nicht ehrenamtliche Besuchsdienste den Auftrag: „Ich war krank und ihr habt mich besucht" genauso gut erfüllen. Seelsorge im Krankenhaus muss sich also auch im Spektrum der vielen seelsorglichen Aufgaben der Kirche neu legitimieren (vgl. Weiher 1997).

– Fragen sich nicht immer stärker auch der Seelsorger, die Seelsorgerin selbst, wer sie in der in starkem Wandel begriffenen, hochdifferenzierten komplexen Struktur von Medizin und Institution sind, wie man der eigenen Profession einen Stand unter den anderen Professionen ermöglichen kann? Mit den Patienten und Patientinnen und deren Angehörigen sind schließlich viele Berufe befasst, einschließlich der Sozialarbeit und der Psychologie. Ist nicht die Rolle dieser Berufe – im Gegensatz zu der der Seelsorge – viel klarer definiert? Was ist die spezifische Rolle der Seelsorge in diesem Spektrum und an den Nahtstellen zu den Gesundheitsberufen? Wozu und wie betreiben wir Seelsorge unter diesen gesellschaftlichen, wissenschaftlich-definierten und organisatorischen Bedingungen? Und in welcher Haltung tun wir das?

In diesem Sinn verstehen sich die folgenden Überlegungen als Beitrag zur Theorie und Methoden-Diskussion der Krankenhausseelsorge.

Einige Ausgangspunkte

1. Die folgenden Überlegungen gehen von einem Aufgaben- und Spannungsfeld aus, das von mehr Komponenten gebildet wird, als es die traditionelle Beziehung ‚Seelsorge – Patient' beinhaltet. Das Aufgabenfeld der Seelsorge kann sich nicht mehr nur an *Einzel*beziehungen orientieren; Einzelpersonen sind in Subwelten eingebunden, die wesentlich zur Bedeutung und Definition der jeweiligen Beziehungen beitragen. Das oben skizzierte Feld zeigt: Seelsorge muss ihre Identität in Beziehung zur Außenstruktur reflektieren und aufbauen, wenn sie ein selbstbewusster Systemfaktor sein und nicht nur eine Nischenexistenz führen und damit ihre Bedeutung für die anderen verlieren will. *Vier Pole sollen in diesem Buch in den Blick genommen werden*, die die ‚Beziehungswelt' der Seelsorge bilden: (siehe gegenüberliegende Seite oben).

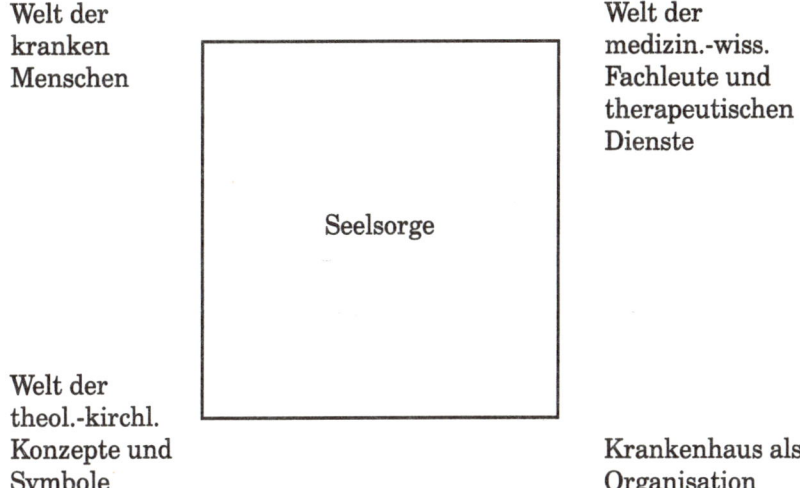

Welt der kranken Menschen

Welt der medizin.-wiss. Fachleute und therapeutischen Dienste

Seelsorge

Welt der theol.-kirchl. Konzepte und Symbole

Krankenhaus als Organisation

Abb. 1: Beziehungswelt der Seelsorge

2. Wenn im Folgenden auch *die Struktur* von Seelsorge, Krankenhaus, Medizin, Pflege in den Blick genommen wird, dann heißt das
nicht, dass der kranke Mensch den Strukturen nachgeordnet wird.
Gerade weil es um *die Person* des Kranken geht, ist es dringend ge-
boten, die Struktur zu bedenken, in die die Patienten im Krankenhaus eingebunden sind.
Patienten und Angehörige, aber ebenso ärztlich Tätige, Pflegende,
Seelsorgende sind im Krankenhaus nicht als Einzelpersonen zu betrachten, die jede für sich ihre personale Kompetenz hat, die z.B.
stark oder schwach, bedürftig oder handlungsfähig, ohnmächtig oder
mächtig ist. In einer Institution kann nicht jeder seine Beziehungsgestaltung und sein Handeln selbst definieren. So hat z.B. der Arzt
seine Rolle nur, weil es Patienten gibt, und umgekehrt kommen Patienten zum Stationsarzt, weil er im Kliniksystem diese Rolle zugesprochen bekommen hat. Die Personen sind zugleich Rollenträger in
einem System, das sie nicht selbst und allein erzeugt und entwickelt
haben. Jedes System lebt nicht nur von linear-kausalen Vorgängen,
sondern auch vom Zusammenspiel der vielen Einzelnen, der Subsysteme, der Beziehungen und der Sachen im System und durch die
Art, wie Personen und Rollen auf die Vorgänge, Veränderungen und
Beziehungen reagieren. Sich dem *Einzelnen* zuwenden, das kann

und muss auch heißen, das Zusammenspiel der *vielen* im System anzuschauen und zu respektieren und der Stellung des Einzelnen im Kontext des ganzen Organisationssystems Rechnung zu tragen. Nur so wird die Einzelperson in ihrer Bedeutung realistisch gesehen. Und nur so kann vermieden werden, dass sie in ihrer Bedeutung über- oder unterschätzt wird. Und nur so können ihr dann im System Spiel- und Handlungsräume, Verhaltens- und Heilungsmöglichkeiten eröffnet werden.

3. Weiter sind *Ausgangspunkt* dieser Überlegungen zur Seelsorge *nicht Definitionen der theologischen und kirchlichen ‚Binnenwelt'* und ihrer Sprachspiele – ebenso wenig stehen bereits am Beginn Letzt-Fragen der Existenz. Vielmehr sollen Definitionen und Grundaussagen eher *auf induktivem* Weg gewonnen werden. Grundlage und erster Beziehungspol von Seelsorge in Gesundheitseinrichtungen ist ja immer zuerst die Welt der kranken Menschen und ihrer Angehörigen. Seelsorge geht in der Praxis zunächst den inneren und äußeren Fragen und Prozessen der Betroffenen *nach*, sie setzt ‚letzte Wahrheiten' in der Beziehung am Krankenbett (und im Gespräch mit den Fachleuten) nicht *voraus*, sondern sucht mit ihren Gesprächspartnern *die anthropologische Basis*, auf der letzte Wahrheiten auch existenziell nachvollzogen und angeeignet werden können. Die theologischen Überlegungen müssen sich also an das Erleben der Betroffenen und an den anthroplogischen und existenziellen Voraussetzungen von Leben, Krise, Krankheit und Sterben anschließen. Wenn dieser Weg induktiv gegangen wird, dann bedeutet dies jedoch nicht, dass ich als reflektierender Seelsorger und Beziehungspartner nicht eigene Voraussetzungen hätte. Meine katholische Prägung wird in die Betrachtung der Glaubens-Symbolisierung, der religiösen Ritualisierung und der Spiritualität einfließen. Dabei gehe ich jedoch davon aus, dass das anthropologisch im Menschen Grundgelegte bereits ein Hoffnungs- und Trostpotenzial enthält, das es auch in der christlichen Seelsorge aufzunehmen und zu würdigen gilt.

4. Ein besonderes Augenmerk muss bei dieser Seelsorge in Einrichtungen auf den Kontext der Medizin und ihrer Fachberufe gerichtet werden. Sie ist der Beziehungspol, der sich am dynamischsten entwickelt und der die Seelsorge im Krankenhaus besonders herausfordert. Der *Pol der Medizin* wird im ersten Teil dieser Arbeit bei Bedarf einbezogen, im anschließenden zweiten Teil jedoch im Mittelpunkt stehen.

1. Good-will genügt nicht – es braucht auch Leitbilder

Die hier betriebene Selbstvergewisserung der Seelsorge geschieht natürlich in erster Linie in der Perspektive der kranken Menschen und ihrer Angehörigen. Bei der Begegnung mit der Welt der Kranken bedient sich Seelsorge jedoch nicht nur ihrer ,angestammten' Sprachspiele: des kirchlich-religiösen Sprach- und Symbolsystems; sie stützt sich vielmehr auch auf Ergebnisse der Humanwissenschaften. Diese sind das ,Medium', mit dem die Welt der Krankheit und der Klinikwirklichkeit wahrgenommen wird. Die Denkmuster der Humanwissenschaften sind eine wichtige Brücke zwischen der religiösen Welt und dem Erleben des Menschen.

1.1. Grundlagen für ein Leitbild

In Supervisionen, in Aus- und Fortbildung fragen Seelsorgende immer wieder nach Vorstellungen, an denen man sich in einem so komplexen System wie dem Krankenhaus und seiner Medizin orientieren kann. Offen und im Geheimen erwarten viele von ihrer Kirchenleitung Hilfen und Vorgaben. Aber ist Seelsorge in den speziellen Feldern nicht aufgerufen, auf Grund ihrer Erfahrung in Frontbereichen von Wissenschaft und Gesellschaft ständig ihre eigene Reflexion zu betreiben, sich Leitbilder zu erarbeiten und diese mit der Praxis zu konfrontieren? Ist nicht gerade das das Reizvolle an dieser besonderen Seelsorge, dass sie sich ihr eigenes Lernen erarbeiten muss und dieses ihrerseits wieder dem Lernen und der Reflexion der kirchlichen Arbeit zur Verfügung stellen kann? Gerade eine so professionell herausgeforderte Arbeit wie die Krankenhausseelsorge kann viele Impulse zum Grundverständnis und zur Methodenentwicklung von kirchlicher Seelsorge beitragen.
Krankenhausseelsorge braucht eigene Leitbilder, um nicht einfach den Entwicklungen und der Plausibilitätsstruktur von Medizin und Gesellschaft ausgeliefert zu sein. Dabei ist zu unterscheiden zwischen *inneren Bildern* (die man für sich hat, bewusste, vorbewusste und nicht bewusste) und *äußeren Leitbildern*, also formulierten, intersubjektiv vereinbarten. Drittens kommen dazu die *von Institutionen vorgegebenen* (von der Kirchenleitung, von der Dienststelle, vom Krankenhaus). Auch diese von den Institutionen kommenden Bilder können offen oder verborgen sein.

Leitbilder sind nicht einfach ein Abbild dessen, was ich wirklich tue (vgl. Berkel 1990). Leitvorstellungen existieren in unserer Vorstellung, ohne eindeutig beschrieben oder exakt gemessen werden zu können. Und doch bestimmen sie unser Handeln. Die Wirklichkeit wird zwar immer anders aussehen, meist bescheidener, dürftiger. Deswegen müssen unsere leitenden Ideen noch lange nicht falsch sein, nur weil wir sie nicht vollkommen in Wirklichkeit verwandeln können. Andererseits müssen auch Leitbilder einen *Wirklichkeitsgehalt* haben, sie brauchen einen ‚Leib‘, sie führen zu *Strukturen*, wenn sie nicht abstrakte Gedankengebäude bleiben sollen. Es reicht also auch nicht aus, ein ‚inneres‘ – sozusagen geheimes Leitbild bei sich zu haben. Man muss auch fragen, wie diese inneren Bilder den äußeren Strukturen der jeweiligen Systeme (Medizin, Pflege, Krankenhaus, Alten-, Pflegeheim …) zuzuordnen sind. Ich kann ganz persönlich meine inneren Bilder haben; die Frage aber ist, wie die mit den Bildern der anderen, die ich in der Institution antreffe, und mit denen der Institution selbst in Beziehung kommen. Für die Seelsorge in säkularen, fachlichen Einrichtungen genügt es nicht, sich nur zufällig ‚additiv‘ neben den anderen Rollen zu verstehen, sie muss auch Denkmodelle dafür erarbeiten, wie sie *Anschluss zu den verschiedenen Personen- und Berufsgruppen* findet – letztlich zum Wohl der Menschen selbst: denen, die die Medizin in Anspruch nehmen, und denen, die mit ihr beruflich befasst sind. Der Anschluss zur Welt der Medizin und der Pflege wird ausdrücklich im zweiten Teil vorgenommen.

Das Ziel dieses Buches ist, über die seelsorgliche Einzelfallbeschreibung und über Erfahrungsberichte hinaus (dazu gibt es eine immer noch wachsende Zahl von Publikationen) *Grundmuster von Seelsorge* herauszuarbeiten, die zu inneren Leitvorstellungen in der Praxis werden können. Die Forderung der Zuordnung von Seelsorge und *System* Medizin wird immer wieder erhoben (vgl z.B. Klessmann 1996 a, Heller 1997 b, Heller 1997 a), in diesem Buch soll ihr konkret nachgegangen werden. Und sie soll *modellhaft eingelöst* werden.

1.2. Suche nach der eigenen Rolle im fremden System

In Seminaren gebe ich manchmal als Aufgabe, anhand eines ‚Vertikalwortes‘, z.B. des senkrecht buchstabierten eigenen Namens, zu jedem Buchstaben ein Wort, ein Bild, einen Begriff, eine Sequenz zu finden. Wenn es um Rolle und Identität des Krankenhausseelsorgers

16

geht, könnte die Leitfrage etwa heißen: Wie verstehe ich mich und meine Tätigkeit als Seelsorger im komplexen Feld ‚Krankenhaus'?

Zum Beispiel: E- der ‚*E*‘ndlichkeit begegnen

R- (Spiel-),*R*‘äume eröffnen gegenüber Krankheit

H- ‚*H*‘irte sein

… ………………

… ………………

Wenn in einer Gruppe die Ergänzungen alphabetisch an eine Tafel abgerufen werden, entsteht ein reichhaltiges Bild von Krankenseelsorge. Dieses lässt sich dann weiter befragen: Wer bin ich, und was leitet mich bei meiner Seelsorge im System ‚Krankenhaus'?

Josef Mayer-Scheu (1980, 82) nennt als ‚Mehr' der Seelsorge gegenüber dem Machen der Medizin die „*Begleitung*" als Hilfe zur Auseinandersetzung mit der Krise des Krankseins und damit Hilfe zum Selbstsein des Kranken.

Anton Székely (1981) nennt die Krankenhausseelsorge eine „*Seelsorge der offenen Horizonte*" und meint damit eine Öffnung gegenüber den sich als geschlossen verstehenden Horizonten einer naturwissenschaftlichen Medizin gegenüber vielen Krankheits-, Gesundheits- und Existenzvorstellungen.

Andreas Heller (1990, 451) versteht die Krankenhausseelsorger als „*Spezialisten für das Unspezialisierte*". In der Tat, die Krankenhausseelsorge wendet sich in spezifischer Weise dem zu, was die Spezialisten nicht in den Blick nehmen (können): Zum Beispiel die Erfahrung von Begrenztheit, von Trauer und Freude, von Angst und Hoffnung, von Abschied und Sterben.

Michael Klessmann (1996 a, 14) spricht von „*Zwischenräumen*", in denen die Krankenhausseelsorge arbeitet, und er nennt z.B. den Zwischenraum

– zwischen kirchlicher Arbeit und Medizin

– zwischen dem ‚Verstehen' der Seelsorge und dem ‚Erklären' der Medizin

– zwischen Krankheit und Gesundheit.

‚Arbeit in offenen Horizonten', in ‚Zwischenräumen', im ‚Unspezialisierten', im ‚Mehr'… sind Leitvorstellungen für die besondere Aufgabe der Seelsorge. Dem gegenüber ist die klinische Medizin zunächst viel eindeutiger definiert, sie hat eine klar umschriebene instrumentelle Diagnostik und Therapie. Auch Pflege ist in der Zuordnung zur Medizin zunächst klar (aber reduktionistisch) umschrieben als „Verpflegung" des im Krankenhaus behandelten Menschen. Dagegen ist im offiziellen Rollengefüge die Seelsorge im

Krankenhaus nicht definiert. Dennoch existiert sie in diesem komplexen Feld. Organisations-Soziologen machen darauf aufmerksam, dass eine soziale Organisation nicht rein zweckrational definiert ist (Bardé 1988), sodass jede Funktion einen direkten Zweck und ein direktes Ziel haben müsste. In jeder Gesamtorganisation, wenn sie funktionieren soll, müssen *auch informale Rollen* vorhanden sein und übernommen werden, damit die *formellen Rollen* erfüllt werden können. Eine solche informale Rolle hat die Krankenhausseelsorge. Rein objektiv ist sie nicht nötig, hat aber gerade dadurch eine wichtige Funktion für die Gesamtorganisation. Das macht die Seelsorge im Krankenhaus so „überflüssig" (Klessmann 1990) und entbehrlich – und vielleicht deswegen so reizvoll und notwendig.

Es stellt sich jetzt natürlich die Frage, ob die Seelsorge im Krankenhaus nur zuständig ist für das, was aus den Definitionen einer naturwissenschaftlichen Medizin und dem darauf aufgebauten formellen Rollengefüge herausfällt. Ist sie als einzige zuständig für *das Persönliche* des Patienten, seiner Angehörigen, der Therapierenden im ansonsten unpersönlichen Krankenhaus? Übernimmt die Krankenseelsorge *die Grenzfälle*, die Fragen um Leiden, Sterben und Tod, also Bereiche, die andere Funktionsträger strukturell abblenden (müssen)? Sind *sie* das Monopol der Seelsorge, begründet *das* ihre Legitimation? „Herr Pfarrer, jetzt sind Sie dran", sagt der Oberarzt, „der Patient ist ante finem." Was aber ist mit den anderen Lebens- und Krankheitsabschnitten, sind die – weil dem ‚Machen' zugänglich – durch die Medizin bereits abgedeckt? „Zu Frau X können Sie mal gehen, die bekommt sowieso keinen Besuch", sagt eine Schwester.

Trotz vielfältiger konkreter Stationsarbeit ist im Krankenhaus auf der Betriebs- und Organisationsebene die Seelsorge kein integrierter Bestandteil. Gemäß dem Organisationsgefüge einer klinischen Medizin hat die Seelsorge nur eine *komplementäre Funktion*: Sie kann, wenn sie will und das für nötig hält, die Aufgaben von Medizin, Pflege und psychosozialen Diensten ergänzen. Von der Organisation selbst und dementsprechend z.B. von säkularen Trägern wird ihr nur eine marginale Bedeutung zugewiesen.

1.3. Was ist eigentlich spezifisch für die Seelsorge im Krankenhaus?

1.3.1 Paradigmenwechsel in den letzten 30 Jahren

Noch bis weit in die 60er-Jahre des 20. Jahrhunderts hinein vollzog sich Seelsorge vorwiegend in Form der *liturgischen* Diakonie: Die seelsorgliche Zuwendung zum Patienten fand ihren *Höhepunkt in Gebet und Sakrament.* Natürlich interessierte sich der Seelsorger auch für die Person des Patienten, für seine Nöte und seine Erfahrungen. Aber sie waren eher der *Anlass,* um ihn mit einer vorgegebenen Verkündigung und mit heiligen Handlungen zu trösten. Die Seelsorge konnte in früherer Zeit ja auf einer weithin vorhandenen Kultur aufbauen. In die Symbol-Welt dieser Kultur konnte der Priester einfach ,eintauchen', sein Symbol ergänzte die vorhandenen, die Symbole legten sich gegenseitig aus und waren so wirksam. Verkündigung erfolgte im Horizont des schon immer Verkündigten. Zugleich mit der allmählichen Auflösung dieser religiösen Struktur entwickelte sich Ende der 60er-Jahre ein neues Paradigma. Elisabeth Kübler-Ross repräsentiert es sicher am deutlichsten: In der psychosozialen Betreuung der Patienten wurde das Autoritätsgefälle in Frage gestellt: Nicht Ärzte, Schwestern, Pfarrer wissen, was für die Kranken gut ist, sondern *die Kranken selbst*: Was haben eigentlich Sterbende *uns* zu sagen? Auch die Seelsorge musste (und konnte) sich neu orientieren. Leitthema der Seelsorge wurde die „Begleitung": Wie kann Liturgie/Theologie in Verbindung mit dem Leiden der Betroffenen treten, ohne das Leiden zuzudecken oder daran vorbei zu reden und vorbei zu handeln. Psychotherapeutische und psychologische Konzepte wurden als Erschließungsmedien in die Pastoral einbezogen: Sie halfen und helfen, die Situation des Patienten zu erschließen. Aber ebenso ging es darum, auch *die Person des Seelsorgers selbst* zu erschließen; schließlich ist die eigene Person das wichtigste Instrument der seelsorglichen Tätigkeit.

Vielfach sind im Gefolge dieses Paradigmen-Wechsels wichtige Aufgaben und wichtige Anteile des seelsorglichen Grundverständnisses in den Hintergrund getreten. Zwar wurde die *Begleitung* fast zum Zauberwort für die Seelsorge; aber um ja keine aufgesetzte Theologie, Moral und Liturgie zu praktizieren, wollten Seelsorger nur noch *hören, was die Patienten* zu sagen haben. Wenn es vorwiegend um ein ,Mitgehen' mit dem Anderen geht, dem Rat Suchenden, nur noch um Annahme dessen, was schon ist, dann gerät leicht aus dem Blick, dass Seelsorge ein Beziehungsgeschehen ist, bei dem der Berater selbst ein Teil des Systems ist. Ihm vertraut sich der Patient ja gerade an, um sich seinen Trost nicht letztlich selbst zusprechen zu müssen. Solche Seelsorge kommt in Verlegenheit, wenn Patienten reagieren: „Was sagen Sie eigentlich als Theologe dazu?" Die Frage ist also: Begleitung, Diakonie – ja. Aber mit welchem *Focus*? *Was ist die Gestalt einer seelsorglichen Begegnung*, wie interveniert die Seelsorge, wie gestaltet sie ihr Vorgehen?

1.3.2 Das Ausgangsmodell ‚Denken – Fühlen – Tun'

Welche Ebene betritt die Seelsorge, wenn sie sich zu Patienten und Angehörigen einerseits, zur Welt der medizinisch-therapeutischen Fachleute andererseits und außerdem zum Organisationsgefüge des Krankenhauses in Beziehung setzt?

Bei Supervision und Fortbildung zeigt sich, dass sich Krankenhausseelsorger selbst überwiegend mit dem *Fühl-Bereich* in Verbindung bringen. Nun sind Gefühle (die ‚Gefühlsebene') ein sehr bedeutendes Medium der Seelsorge. Und es gehört zur beruflichen Bildung, dass Seelsorgende sich in ihrer eigenen Gefühlswelt auskennen, ihre Gefühlsreaktionen bewusst wahrnehmen und für die seelsorgliche Beziehung fruchtbar machen können. Aber erstens wollen bei weitem nicht alle Patienten auf ihre Gefühle angesprochen werden und diese Ebene betreten, auf der der Seelsorger sie gerne hätte. Jeder Mensch hat seinen eigenen ‚Kanal', auf dem er sendet und empfängt, was ihn bewegt. Und zweitens können vorschnelle Focusierungen auf die Gefühlsebene dazu führen, den Inhalt und das Gewicht eines Gespräches zu verfehlen.

Für die weiteren Überlegungen soll als Grundlage die Dreiheit der menschlichen Grundfunktionen dienen: Denken, Fühlen, Tun. Jeder Mensch hat die Fähigkeit, mit dem Verstand, mit seinen Gefühlen und handelnd auf die Welt mit ihren auf ihn einwirkenden Ereignissen zu reagieren und diese – inneren und äußeren – Geschehnisse zu verarbeiten. Keine dieser Grundfunktionen steht isoliert für sich, alle drei stehen in Wechselwirkung zueinander. Für dieses Zusammenspiel ist der ‚Drei-Pass' ein anschauliches Bild, also eine Kurve, die an jeder Stelle begonnen und beliebig oft durchlaufen werden kann und die ‚Spielräume' eröffnet.

In der Lernforschung geht man davon aus, dass Menschen spezifische *Ansätze* haben, mit denen sie *als Erstes* reagieren, wenn Veränderungen im Lebenslauf, Unterbrechungen und krisenhafte Ereignisse das Leben beeinflussen (natürlich hat jeder Mensch auch Anteile der anderen Funktionen; der Erstansatz ist nur am stärksten vertreten):

- So reagieren manche Menschen bei einem drohenden oder eingetretenen Verlust als Erstes mit *Denken*; sie grübeln, sind ratlos, fragen nach Wissen und versuchen, dem Ereignis mit logischen oder bekannten Konzepten beizukommen und die gestörte Welt übersichtlich zu gestalten.
- Andere reagieren mit ihren *Gefühlen*, geben sich denen hin, lassen den Emotionen freien Lauf oder werden von ihnen überwältigt.
- Die dritte Art zu reagieren ist die des *Tuns*. Menschen versuchen, ihre Ohmacht durch Aktivitäten zu überwinden: „Da muss doch etwas gemacht werden", „Herr Doktor, tun Sie bitte alles ..." (Im Folgenden wird bewusst der Begriff ‚Tun' verwendet; unter ‚Handeln' ist mehr das schon Ideen- und Konzept-geleitete Tun zu verstehen).

Ebenso kann man davon ausgehen, dass nicht nur Patienten bei ihrer Krisenverarbeitung, sondern auch Helfer und Therapeuten – also auch die Seelsorger – jeder persönlich seinen besonderen ‚Kanal' hat, mit dem er reagiert.Wenn Seelsorger Menschen in Krisen und mit schweren Lebensthemen begegnen, dann neigen auch sie dazu, zu ihrem Lieblingsansatz zu greifen.

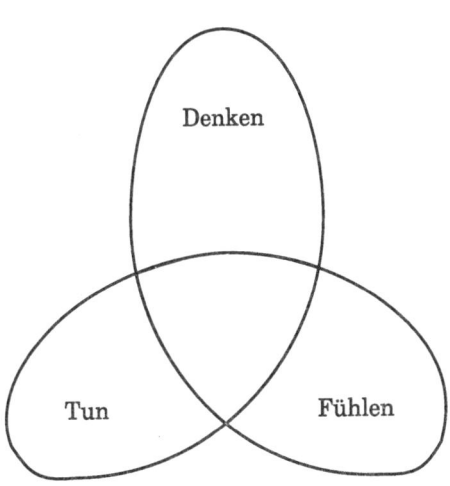

Abb. 2: Die Lernfunktion als Drei-Pass

Ein *Beispiel* kann veranschaulichen, worum es geht: Eine ältere Patientin sagt, nachdem sie von ihrer Krankheit und ihrem Weg ins Krankenhaus erzählt hat: „Ja, vor zwei Wochen habe ich noch in meinem Garten gearbeitet."

Ein Seelsorger, der sich vor allem der Gefühlsebene verpflichtet sieht, könnte etwa antworten: „Und jetzt sind Sie traurig, dass Sie hier im Krankenhaus liegen müssen?" Die Gefühlsebene ist wohl *ein* Anteil in der Äußerung der Patientin, aber nur *ein* Segment, auf das die Reaktion des Seelsorgers sie zu reduzieren droht. Der Patientin mehr gerecht wird der Versuch zu hören, was sie damit *über sich selbst* sagen will, nicht nur über ihre Gefühle. Diese Patientin wollte z.B. über ihr ‚Tun' erzählen, darüber, was sie gerne macht und worauf sie stolz ist – und das vielleicht noch in ihrem Alter. Aber es verbirgt sich in ihrer Aussage auch die Sorge, ob sie infolge der Krankheit diese Arbeit wieder wird aufnehmen können. Letztlich lässt sie den Seelsorger *einen Blick auf ihr Lebenskonzept* und einen Blick auf die Sorge tun, dieses Lebenskonzept könnte bedroht sein. Im ‚Garten' entwirft sie Aspekte ihres Lebensbildes. Der Garten wird möglicherweise zu einem Hinweis auf ihr *Selbstverständnis*, vielleicht sogar für *ihre Spiritualität* (sie hat dem Seelsorger vielleicht etwas von ihrem ‚Paradies' sagen wollen). Was die Patientin mit ‚Garten' andeutet, ist nur unzureichend mit ‚Fühlen', ‚Tun' umschrieben. Was ihr wichtig ist, das kann der Seelsorgende nur erschließen, wenn er den Garten nicht nur als Aufenthalts-, Arbeits- und Erlebnisort sieht, sondern auch darauf hört, was der Garten für eine konzeptuelle und das Leben dieser Frau strukturierende Bedeutung hat. Im Gespräch und im weiteren Hinhören kann sich herausstellen, dass er für die Patientin eine wichtige Teilnahme am Leben der Welt und der Natur symbolisiert und dass die sinnliche, leibliche Erfahrung mit ihren vom Garten gegebenen Rhythmen dem Leben eine orientierende Regelmäßigkeit und einen Sinn vermittelt. (Was von all diesen Möglichkeiten bei dieser Person zutrifft, das stellt sich erst im weiteren Gespräch heraus – aber vielleicht muss und darf gar nicht alles ans Licht geholt, ausdrücklich ausgesprochen und ins Wort gebracht werden).

Um Menschen zu verstehen, muss der Begleiter die Grundfunktionen aus ihrer isolierten Stellung befreien und sie *in einen größeren Horizont stellen*. Zunächst muss also das Modell der Grundfunktionen ergänzt werden, wenn es den Äußerungen von Menschen gerecht werden will. Zu einem anthropologisch weiterführenden Modell wird der Drei-Pass, wenn man die Grundfunktionen weiter aufschlüsselt und jeder Funktion die dazugehörige Welt zuordnet: (siehe gegenüberliegende Seite oben)

1.3.4 Das ‚Mehr' der Zwischenräume

In der Kategorie ‚Denken' steckt die Art, wie Menschen auf begriffliche und konzeptuelle Weise der Innen- wie der Außenwelt eine Struktur geben, wie sie die vielschichtige komplexe Welt übersichtlich gestalten und in Objekte zerlegen und wie diese Objekte und Konzepte aufeinander bezogen werden. Ebenso steckt hinter ‚Tun' und ‚Fühlen' jeweils eine ganze Sinnes-, Erfahrungs- und Vorstellungswelt. In der Begegnung mit Menschen – also auch im beruflichen Feld – geht es nicht nur um Gefühle. Es geht ebenso um den ‚Leib', seine sinnliche und im Leib gespeicherte Erfahrung und Haltung; es geht um die geistigen Konzepte des Menschen und um die übergreifenden geistigen Vorstellungen, in deren Horizont die persönlichen Konzepte stehen. Im seelischen Bereich geht es um mehr als Emotionen: Es geht um die Innenseite der Person mit ihrer Le-

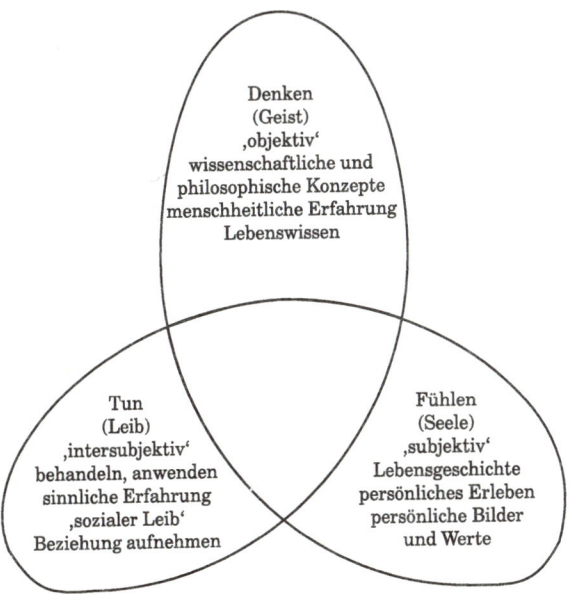

Abb. 3: Anthropologisches Modell des Drei-Passes

bensgeschichte, ihren persönlichen inneren Bildern, Erinnerungen und Assoziationen, den unbewussten und bewussten.

Diese drei Grundfunktionen stehen aber in jedem Erkenntnis-, Kommunikations- und Handlungsprozess miteinander in Verbindung:

– Wenn ein Mensch etwas von seinem ‚Innen‘ äußert, dann kann er das *selten direkt* tun – ‚der‘ Schmerz, ‚der‘ Hunger, ‚die‘ Idee des anderen lassen sich nicht unvermittelt übertragen („fühl du mal meinen Schmerz"), sondern nur vermittelt durch Begriffe, Zeichen und Symbole. So ist mit einer Sachaussage meist etwas mitgemeint. Begriffe und Themen enthalten einen Anteil aus der Gefühlswelt: Sie haben eine Bedeutung, die entschlüsselt werden will. Gleichzeitig treffen auch Mitteilungen aus der Innenwelt des Subjekts auf Deutemuster, die gesellschaftlich vermittelt und tradiert werden. Der gesellschaftliche, allgemeine Deutevorrat bildet einen Horizont, in dem der Mensch seine persönliche Welt tiefer und besser verstehen kann: Innen- und Außenwelt legen sich gegenseitig aus.

– Auch *Tun* und *Fühlen* legen sich gegenseitig aus: Eine Begrüßung, ein Handschlag, eine Berührung sind nie eine abstrakte Handlung. Sie tragen eine emotionale Botschaft, ermöglichen und gestalten Beziehung. „Man kann nicht nicht-kommunizieren" (Paul Watzlawick): Verhalten an sich trägt schon eine Botschaft mit sich. Im Gegenzug sucht ein Empfinden, ein Erleben nach Ausdrucks- und Handlungsmöglichkeiten, führt zu Zu- oder Abwendung, Anpacken oder Vermeiden.

– Ebenso legen sich *Tun* und *Denken/Wissen* gegenseitig aus: Handlungen sind – gewusst oder un-ge-wusst – vorstellungs-geleitet. Und umgekehrt sind Handlungen eingebettet in geübte, vertraute, wiederkehrende Muster, die das Handeln als zweck- und sinnvoll begriffen haben. Solche Muster können das Leben sinnvoll strukturieren und den Menschen erfahren lassen, dass er an einem übergeordneten Ganzen teilnimmt.

Um einen Menschen zu *verstehen* und ihm zu helfen, bedarf es also nicht nur der Funktionen Denken, Fühlen, Tun. Der ‚Garten‘ der Patientin ist nicht nur ein Ausdruck für das, was sie gerne tut und gut kann, was sie sich gerne vorstellt und wo sie sich gut fühlt, sondern er ist auch Ausdruck für die Güte der Dinge und die Verlässlichkeit des Lebens, er gibt Tages- und Jahresrhythmen, ermöglicht leiblich-sinnliche Erfahrung von Versorgen und Gestalten und vermittelt ein Erleben von Geborgenheit und Heimat.

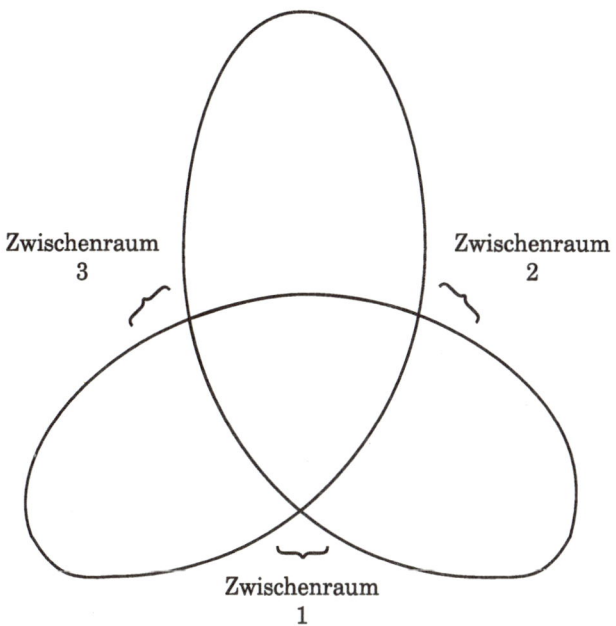

Zwischenraum 3

Zwischenraum 2

Zwischenraum 1

Abb. 4: Das ‚Mehr' der Zwischenräume

Menschen äußern sich also viel eher in den *‚Zwischenräumen'*, zwischen den Grundfunktionen, auch wenn sie dafür Gedanken, Gefühle und Handlungen benutzen. Die Äußerungen legen das Innere aus und umgekehrt. Denken – Fühlen – Tun sind vieldimensional und erschließen erst gemeinsam die Bedeutung. Um Menschen zu verstehen, muss man bereit sein, *alle Schleifen* zu durchlaufen. Seelsorge geht es darum – und dieses Anliegen teilt sie mit vielen anderen Professionen – den ganzen Menschen in den Blick zu nehmen. Der ‚Drei-Pass' mit seiner anfangs- und endlosen Linie fordert dazu auf, die ganze Schleife immer neu durchzugehen. Die Hauptaufgabe der Seelsorge aber müsste es sein, in die ‚Zwischenräume' zu gehen und menschliche Erfahrung eben dort zu erschließen und zu verstehen. Die besondere Chance der Seelsorge besteht darin, es nicht bei den möglicherweise getrennten Funktionen zu belassen, sondern sich den Schnittpunkten und Grenzlinien von Denken – Fühlen – Tun zuzuwenden, diese nicht nur als Abgrenzung und Ordnungsstruktur zu begreifen, sondern die Grenzlinien zu überschreiten, zu ‚transzendieren', und die Zwischenräume zu begehen. Ihre Chance liegt in einer Art „kleiner Transzendenz" (Hauschild 1993, 30), die, wie sich später zeigen wird, Anschluss an eine „größere Transzendenz"

gewinnen kann. Um diesem Vorhaben gerecht zu werden, muss Seelsorge bereit sein, ihren eigenen ‚Drei-Pass‘ zu entwickeln – auch
wenn der, wie sich im Folgenden zeigen wird, ‚quer‘ zu den anderen
Funktionen liegt, weil er die Zwischenräume, das Unspezialisierte
wahrnimmt und öffnet.

2. Ein Drei-Pass für die Seelsorge

2.1. Der erste Zwischenraum: Das Begleiten

Der Verknüpfung zwischen dem Fühl- und dem Tu-Bereich ist die ‚Begleitung' zuzuordnen. Dass die klinische Medizin und ihr Krankenhauswesen ein Begleitungsdefizit aufweisen, ist hinlänglich beschrieben (und beklagt) worden (z.B. Wienau 1984, Mayer-Scheu 1980, Heller 1994, Haferlach 1994). Nicht zuletzt ist die Hospizbewegung eine Reaktion auf dieses Defizit, und umgekehrt trägt die Hospizbewegung sicher zu einer bewussteren Begleitungspraxis auch in Gesundheitseinrichtungen bei.

Zu Haltung und Methode der in der Regel *kommunikativen* Begleitung gibt es eine umfangreiche Literatur und eine ebenso umfangreiche Palette von Fortbildungsangeboten. Ohne dass der Seelsorgende Begleitung ‚am eigenen Leib' (und der eigenen Seele) erfahren hat und erfährt, kann er eine qualifizierte Begleitung kaum lernen und leisten.

1. Längsschnitt und Querschnitt

Was aber heißt ‚Begleitung' in heutigen medizinischen Einrichtungen?

Seelsorge im heutigen Krankenhaus muss sich immer mehr damit vertraut machen, dass sie auf Grund der immer kürzeren Liegezeiten und der Förderung von ambulanten Einrichtungen Patienten oft nur wenige Male begegnet. Sie kann dann nicht davon ausgehen, dass ein längerer Weg mit dem Patienten möglich ist. Sie muss sich vielmehr oft auf eine Begegnung einstellen, die auf dem Lebens- und Krankheitsweg des Patienten *keinen Längsschnitt*, sondern *nur eine Querschnittsperspektive* ermöglicht. Das heißt, sie trifft den Patienten hier und heute mit den Fragen und Sorgen, die er *heute* hat und die er in *dieser* Begegnung mit dem Seelsorgenden teilen möchte. So sehr diese Entwicklung zu immer kürzeren Liegezeiten auch die Begegnungsmöglichkeiten reduziert, so sehr liegt darin die Chance, dass Seelsorge sich auf den Augenblick konzentrieren und focusierend arbeiten muss. Die ‚Querschnittsbegegnung' zwingt dazu, das für das Hier und Jetzt bedeutsame Lebensthema aufzugreifen und mit dem Patienten anzuschauen. So kann gerade diese seelsorgliche ‚Einmal-Begegnung' zur zwar begrenzten, aber intensiven Seelsorgesituation werden. Das macht diese aber zugleich auch ungeschützt und zerbrechlich. Sie kann jedoch zur ‚Depot-Spritze' werden, die der Patient auf seinem weiteren Weg der Lebens- und Krankheitsverarbeitung mitnimmt.

- Was ‚Begleitung im Augenblick‘ heißt, das spiegelt vielleicht ein *Traum* wieder, den ich hatte, als ich selbst als Patient auf einer meiner Schwerpunktstationen lag: In der Nacht nach der Operation erlebte ich mich wie auf einem Kreuz am Boden liegend, unfähig, mich zu bewegen oder davon loszukommen. Im Traum noch wurde mir bewusst, dass ich erst wieder ‚los-kommen‘ würde, wenn ich dieses Kreuz ‚begriffen‘ und ‚durchgemacht‘ hätte. – Dieser Traum wurde mir zum Gleichnis für die (oft nur kurzzeitige) Begegnung am Krankenbett: Als Seelsorger muss ich ‚in das Kreuz dieses Augenblicks‘ hineingehen, es ‚begreifen‘, mit all meinen Möglichkeiten da sein, die Übertragung des Patienten annehmen, sie durchleben, sodass der Patient bei sich ankommen, sich neu verstehen und orientieren kann. Dann kann ich aus dieser Begegnung wieder herausgehen.

Dass dieses Dabeisein ein höchst aktives Tun sein kann, meine Anwesenheit und meine Identifikationsfähigkeit ganz fordert, auch wenn vielleicht Schweigen herrscht oder der Seelsorger vorwiegend still ist und ‚aktiv zuhört‘ (auch wenn medizinisch gesehen Lebensfunktionen sehr eingeschränkt sind oder versagen), die Funktion des ‚Da‘-seins übernimmt, das macht die Anstrengung und den Sinn dieses Berufs aus. Und ich spüre oft deutlich, wenn ich es im Augenblick nicht schaffe, ganz da zu sein, wenn ich zu müde bin, das ‚Kreuz‘ nicht durchlebe und nicht den notwendigen Schritt über meine Grenze tue. Begleitung verlangt, mich im Augenblick mit dem Gesprächspartner zu identifizieren, in sein Denk-, Fühl- und Tu-System mit hineinzugehen, damit sich aus dem Mitdenken und -fühlen heraus das, was jetzt und hier möglich ist, erschließen kann. Dann muss der Seelsorger aus der Identifikation wieder herausgehen, ins Gegenüber: Ohne zeit- und teilweise Identifikation geschieht keine Berührung; wenn der Seelsorger sich aber ganz identifiziert und nur noch mit dem Anderen denkt und fühlt, wird die Begleitung unfruchtbar. Der Seelsorger hat ja nicht selbst die Krankheit und das Leiden des Patienten; in gewisser Weise bleibt die Person des Anderen und ihr Erleben dem Seelsorger auch ‚fremd‘, ein Gegenüber. Er muss wieder gehen, damit der Kranke wieder frei wird, sein Leben und sein Sterben zu bewältigen. Begleitung hat zum Ziel, den Patienten zu befähigen, seinen Weg zu gehen. Das gilt auch für die Sterbebegleitung: Gerade beim Sterben kann ich in gewissem Sinn nicht ‚mitgehen‘, *mein* Sterben wird ein anderes sein als das des Patienten. ‚Begleiten' kann ich einen Sterbenden (und überhaupt einen Leidenden) nicht bei seinem Sterben und Leiden *selbst*. Begleiten kann ich ihn nur bei der *Weise,* wie er seinen Prozess erlebt und gestaltet. Die Erschließung des Erlebens und seine Gestaltung kann ich hilfreich unterstützen und ‚begleiten'.

2. Begleiten als Grunddienst

Hier muss die Frage gestellt werden, ob das schon das Spezifische von Seelsorge ausmacht. Zum Dienst der Begleitung, zur Diakonia, sind schließlich alle befähigt und aufgefordert, die mit Patienten zu tun haben. Alle Dienste, alle Besuchenden können etwas von dem Gott bezeugen, der sich zu dem Menschen hinabbeugt, der sich nicht selbst erheben kann. Alle können etwas von der Aufgabe des ‚Hirten' übernehmen, dafür braucht es keinen eigenen Beruf. Dennoch bleibt Begleitung ein wesentliches Merkmal der Seelsorge – und das nicht nur, weil die Zeit des Seelsorgers ausdrücklich dazu da ist und die anderen medizinischen Dienste vielfach zu wenig Zeit haben. ‚Begleitung' ist die Beziehungsform, die als Haltung Grundlage und Medium dafür ist, wie die Zwischenräume zu erschließen sind. Die Begleitungsdimension, die Diakonia, geht der Erschließung der anderen beiden Zwischenbereiche voraus, sie ist der Grunddienst, ohne den die spezifisch-religiösen Dienste nicht geerdet sind. Gottes Zuwendung zum Menschen bedient sich der Beziehungsdimension, um sich zu verleiblichen. Dafür ist Seelsorge ein Medium. Umgekehrt kann auch menschliche Zuwendung etwas von dem mitgehenden Gott (Mayer-Scheu 1980, 126ff) erkennen lassen, der den Menschen voraussetzungslos, also auch in Unsicherheit und Zweifel, in Entfremdung und sich Selbst-fremd-Sein, in Leben und Sterben annimmt.

2.2 Der zweite Zwischenraum: Das Symbolisieren

* Eine Patientin beklagt sich über „die schlechten Kartoffeln", und sie verweist auf den Teller, auf dem die Stücke noch alle liegen: „Die sind so schlecht gekocht."

Ein Alltagsgespräch. – „Letzte Nacht habe ich schlecht geschlafen", „Ich warte, bis sie mir die Klammern rausmachen …". Wie viele Gespräche mit Patienten beginnen bei alltäglichen Erfahrungen und bleiben oft dabei! Als der Seelsorger auf die ‚Kartoffeln' eingeht und die Bemerkung der Patientin nicht innerlich als Mäkelei von ver-

wöhnten Menschen abtut, erzählt die Frau, dass sie mit ihrem Mann „immer gute Kartoffeln" zubereitet habe, dass sie jedes Jahr im Herbst Kartoffeln eingekellert haben. Aber seit ihr Mann tot ist, vor 2 Jahren … – So tut sich hinter ein paar Speiseresten eine ganze Welt auf: die Welt der Patientin. Die Patientin nimmt – sicher zunächst unreflektiert – eine Alltagserfahrung, etwas Vorzeig- oder Benennbares, worin ihre innere Welt mitschwingt. Nicht nur ihre Gefühle (Trauer, Wehmut, Verlassenheit …), sondern auch Erinnerungen, Verbunden-Sein mit ihrem Mann. Aber auch ein Stück von ihrer Identität (was sie kann, gerne mag, vermisst, genießt, verabscheut, wie ihr Leben Rhythmus hat (und hatte), was dem Leben Ordnung gab und Verlässlichkeit …, also etwas von ihrer ‚Spiritualität'.

1. Äußerungen aus der Innenwelt

Patienten geben Deute-Signale, und Seelsorge hat die Chance, Menschen beim Deuten und Verstehen ihres Schicksals zu helfen. Im obigen Fall ist die ‚Kartoffel' eine (wie in Krankheit und Krise naturgemäß so oft) ‚Negativfolie', aber auf dieser Folie entwirft ein Mensch indirekt ein Bild von seiner Lebenssehnsucht und seiner Vorstellung von Geborgenheit. Auf dem Vordergrund scheint etwas vom Hintergrund auf.

‚Die Symbolisierung' wird in der Literatur oft als spektakuläres Geschehen beschrieben: Sterbende sprechen von der Sorge, ob ihr „Kohlevorrat über den Winter reicht", oder von der „großen Reise". Solche Symbole sind wie die ‚großen Träume' in der Psychotherapie ein seltenes Geschenk – für den Begleiter. Zum ‚Alltag' der Symbolisierung gehören die vielen ‚kleinen Träume' in der Nacht und am Tag. *Nahezu jeder Gegenstand, jedes Geschehen, jede Geste kann zum Symbol werden* – und wie ‚ein Traum' gelesen werden. Da ist der Seelsorger als ‚aktiver Zuhörer' gefordert, er darf ruhig auch mal fragen: „Was bedeutet das jetzt für Sie?"

Die meisten Inhalte unseres Lebens, erst recht des Innenlebens, können wir andere nicht direkt spüren lassen („spür du meine Trauer …"), wir können sie nur mittels einer symbolisierenden Äußerung weitergeben in vielen, oft kaum merklichen Signalen. Das Subjekt bedient sich sozusagen der Alltagsereignisse und -dinge und macht aus ihnen eine subjektive Schöpfung, belädt sie mit einem Sinn, sodass neue ‚sinn-volle' Gebilde entstehen, die es zu verstehen gilt. Das Subjekt tut dies un- ge-wusst, wie ein spielendes Kind, das sein Spielen nicht denkerisch plant und doch weiß, ‚dass es spielt'. Es ist eine der wichtigsten Aufgaben der Seelsorge, auf die Sinngebungen des

Patienten zu hören, Fragen auszuhalten, erst einmal ihr Gewicht zu ermessen, ihre „Tiefe und Widerständigkeit" auszuloten (Klessmann 1996 b, 279) und so die Bedeutungen des Gesprächspartners herauszufinden und zu helfen, ihnen Gestalt zu geben im Wort, im Schweigen, in einer Geste.

Seelsorge stellt sich im Krankenhaus in einen Deutungshorizont, der von vielen mitbestimmt wird: Die Medizin ‚deutet' durch ihre Methode und ihre Behandlungsverfahren, der behandelnde Arzt ‚deutet' durch seine Fachsprache und durch das Gesagte (und oft noch mehr durch das Ungesagte); die Pflegenden ‚deuten' durch Handlungen und begleitendes Sprechen; Angehörige deuten, Besucher, Anrufer, die Medien ... sie alle deuten. Auch die Gesellschaft steuert ihre offenen und geheimen Deutungsmuster bei. So hat z.B. ‚Gesundheit' in unserer Gesellschaft eine Art transzendentaler Bedeutung. Da ist es eine der großen Aufgaben der Seelsorge, dem Patienten zu helfen, sich in der Deutungsnot und der Fülle der Deutungsangebote zurechtzufinden.

‚Deutung' ist vor allem ein persönliches Geschehen, der Mensch entwirft seine Deutung im Horizont eines lebenslang gewachsenen und eingespielten ‚Systems'. Dahinein muss der Seelsorger mitgehen, auch wenn ihm manches am ‚System' des anderen nicht behagt. Jeder Mensch muss ja selbst aus den Vorgaben seiner Familie, der Welt und des Lebens sein inneres System entwerfen, um mit den eigenen Möglichkeiten leben zu können. Erst Symbole und symbolische Schöpfungen sind fähig, auch das Widersprüchliche („So einfach ist das alles nicht, wie die sich das vorstellen", „Man ist hin und her gerissen"), das Belastende, den hohen Preis des Lebens einzufangen und dem Ganzen eine Gestalt zu geben. So sind sie eine wichtige Hilfe zum Verstehen und zur Bewältigung auch der gegenwärtigen Lebenssituation – nicht einfach *der* ‚Krankheit', sondern des Lebens *mit* Krankheit.

In Deutschland hat der Begriff „Deutung" sofort einen Anklang an Psychoanalyse. In der seelsorglichen Beziehung am Krankenbett gibt es aber keinen Kontrakt im Sinn der Analyse, der es erlauben würde, mit Hilfe von Übertragung, Gegenübertragung, Bewusstmachen etc. das konflikthafte Erleben des Patienten durchzuarbeiten. Die seelsorgliche Hilfe beim Symbolisieren ist nicht ohne weiteres analytisch-aufdeckend, sie bleibt zunächst in der Deute-Welt des Patienten, regt dessen eigenes Lebensbild an – sozusagen die Immunkräfte – und bleibt so im Rahmen seiner *eigenen* ‚Immunreaktionen'. Seelsorgliches Deuten darf – erst recht nicht in der Kurzzeitbegleitung – dem Patienten nicht ‚die Fassung nehmen‘, mit der er sich zugleich öffnet, aber auch bedeckt.

Diese Tätigkeit des verstehenden Zuhörens bezieht sich auf die anthropologische Basis, die Seelsorge mit anderen Deute-Helfern gemeinsam hat: das äußere System des Patienten, seine Stellung in der Welt, in der Familie, im Beruf, und das innere System, das er daraus selbst entwirft. Der narrative und symbolisierende Nachvollzug von individueller Lebensgeschichte geschieht in vielen Phasen von Krankheit und bei Unterbrechungen des Lebens. Seelsorge unterstützt diesen Prozess bei den vielfachen Formen der Begegnung – von der Begleitung über einen längeren Zeitraum bis zur einmaligen Begleitung in der Querschnittssituation.

2. Seelsorge: Mehr als Zuhören

Erschöpft sich damit schon die Aufgabe der Seelsorge? Das aktive Zuhören bei der Symbolisierung des Patienten ist sozusagen nur deren erster Akt. Er gilt der ‚kleinen Transzendenz‘, in der der Mensch aus sich selbst heraus nach außen geht, um sich selbst zu verstehen und von anderen verstanden zu werden. Ich habe diesen subjektseitigen ‚Pfeiler‘ der Brücke, die den Zwischenraum überspannt, so ausführlich erläutert, weil dieser Pfeiler gut geerdet sein muss, d.h. in der Wirklichkeit der Situation des Patienten gegründet sein muss. Sonst wird die Symboli- sierung leicht zu einer falschen Verzauberung der Situation und führt zu einer falschen Vertröstung. Das Medium, sich zu vergewissern, ist das Feed-back des Patienten: Seelsorge hält dem Patienten das symbolisierte Thema hin und wartet, ob der Gesprächspartner es bestätigt und sich damit verstanden sieht, ob der ‚Schlüssel‘ auch zum ‚Schloss‘ des Patienten passt und eventuell ein Lebensthema aufschließt. Auch hier muss das Modell ‚Denken – Fühlen – Tun‘ beachtet werden: Auf welchem Kanal der Patient sendet und empfängt, ist seine Sache. Wo in der Schleife er seinen Prozess beginnt, da muss Seelsorge ihm folgen. Bei weitem nicht immer ist ‚das Gefühl‘ der Schlüssel für die innere Welt.

Bei der Symbolisierung des Patienten (und überhaupt in der menschlichen Kommunikation) geht es immer um eine zweifache ‚Transzendenz‘: Der Mensch übersteigt seine Ich-Grenzen und teilt anderen etwas von seinem Inneren mit. Die Worte, Bilder und Gesten, die er dafür benutzt, stehen aber selbst noch einmal in einem größeren Horizont: Sie haben einen Bedeutungsumfang, den der sich Äußernde nicht selbst entworfen hat. Jedes Symbol, jedes Signal, jeder Begriff ist noch einmal mit einer vorgängigen Bedeutung aufgeladen, auf die der Mensch zurückgreift und die er mit aufruft, meist ohne sich das bewusst zu machen. Abgesehen davon, dass dabei auch anders- und missverständliche Ladungen ins Spiel kommen können, hat diese ‚mittlere Transzendenz' die Chance, dass das persönlich Erlebte Anteil an einem größeren Sinnfeld gewinnt und damit das eigene Leben in einem größeren Horizont erscheint und *Bedeutung nicht nur herstellt, sondern auch bekommt.* Von daher gesehen, gilt es, einmal den Patienten zu verstehen, seine ‚kleine Transzendenz', aber auch ihm als Verstehenshelfer zu ermöglichen, dass sich für ihn diese andere Transzendenz auch erschließt. Vielleicht kann er sich dann selbst besser verstehen und den Sinn aus dem größeren Reservoir mitschöpfen, das ihm das menschheitliche Wissen zur Verfügung stellt. Es ist das Lebenswissen, das in den Symbolen und Sinnbildern mit enthalten und aufbewahrt ist. Vielleicht *greift* er nicht nur nach Sinn-Möglichkeiten, sondern lässt sich auch vom umfassenden Sinn *ergreifen*.

Schon hier ist der Seelsorger kein neutraler Spiegel, in dem der Patient letztlich doch nur auf seine eigenen Deutungen (seine ‚kleine Transzendenz') zurückgeworfen würde. Seelsorge bietet dem Patienten durch qualifiziertes ‚Wahrnehmen' auch eine Perspektive an, in deren Horizont die kleinen Symbole eine andere, größere, möglicherweise neue Dimension bekommen. Das ist die eigentliche *Kunst des Symbolisierens*: Den Schlüssel der größeren und großen Transzendenz zu finden, der in die Lebensgeschichte paßt und sie tiefer und weiter aufschließt.

3. Die Kunst des Symbolisierens: Den Horizont erweitern

Es gibt „keinen Zweifel, dass ein Leben ohne eine Annahme über die Wirklichkeit, ohne einen Sinn, unerträglich ist" (Watzlawick 1995, 63). Letztlich geht es nicht nur um einen privaten Sinn, sondern um eine Annahme über das Ganze der Wirklichkeit. „Sinn finden wir nur im Kontext, … nie in der Isolation" (Schellenberger 1997, 43). ‚Sinn' meint letztlich immer die Beziehung zwischen der Situation und dem Empfinden des einzelnen zu einem größeren Ganzen. Religion, und in der konkreten Begegnung die Seelsorge, bringen per definitionem *den großen Sinnhorizont* mit. Wie er in Beziehung zum persönlichen Sinnhorizont des Patienten gebracht wird, das ist die Kunst der Seelsorge. *Dass* er legitimerweise zur seelsorglichen Beziehung gehört, hat die Korrelationstheologie entfaltet: Korrelation ist die Verknüpfung zwischen persönlicher Geschichte und der menschheitlichen und religiösen Sinngeschichte.

Der Bau des gegenüberliegenden Brückenpfeilers für den Zwischenraum war früher nicht nötig: Die großen Symbole der Religion waren in der Ewigkeit gegründet und ragten unübersehbar in die Kultur hinein. Der ‚bedürftige‘ Mensch musste nur zu ihnen hingeführt
werden. Heute ist es eher umgekehrt: Die großen Symbole müssen
vielen heutigen Menschen erst erschlossen werden. In einer Zeit, in
der die ‚erste Naivität‘ durch Aufklärung und Individualisierung verloren gegangen scheint, müssen die großen Ankerpunkte eigens psychologisch erschlossen und psychisch angeeignet werden, damit sie
ihren ‚Ewigkeitswert‘ entfalten können. Diese Aufgabe muss Seelsorge heute in vielen Begegnungen erst leisten – aber die betroffenen Menschen auch: Viele sehnen sich nach dem ‚alten Wissen‘, aber
die Projektionsfläche des ‚großen Himmels‘ ist weit weggerückt. Da
ist der Seelsorger mit seinem Hintergrund als Weiser und Sinnhelfer
mit seiner ganzen Person der *Resonanzraum, in dem die Sehnsucht
einen Namen bekommt.* Der Weg in den ‚großen Himmel‘ führt in der
Regel heute über die innere Welt, durch die Tiefen der Seele.
Über lange Zeit bestand Seelsorge vorwiegend darin, Menschen an
die großen Ankerpunkte missionierend heranzuführen. Seelsorge
heute kann nicht besserwisserisch die frühere Naivität abtun; auch
heutige Seelsorge geht nicht voraussetzungslos auf die Menschen zu,
sie hat sehr wohl begegnungs- und erkenntnisleitende Konzepte
(und auch diese sind zeitbedingt). Zu ihrem Fundus gehören die großen Symbole der Schrift und der Tradition, die Gottes-Geschichte.
Seelsorge geschieht nicht nur einfühlend, sie arbeitet auch im Sektor Denken/Geist, dem das Lebenswissen und die Überlieferung zuzuordnen sind. Darauf werden Seelsorger schließlich auch trainiert,
und das ist der ‚Hintergrund‘, mit dem sie das Patientenzimmer betreten. So machen sie ihr Deutungsangebot auch da, wo innerhalb
eines medizinischen Denkgebäudes nichts (mehr) deutungsbedürftig
scheint bzw. alles deutungsoffen ist, wo Medizin also an die Grenze
ihrer Möglichkeiten gekommen ist. Die Religion bewahrt und tradiert das Urmaterial, mit dem die menschliche Psyche über die Existenz, über die Bestimmung des Menschen nachdenkt: wo der
Mensch herkommt, durch welche Passagen und zu welchem Ziel sein
Weg führt. Hier sind Seelsorger ‚Hermeneuten‘, Sinnhelfer, wenn
das Leben durch Krankheit und Krise unterbrochen ist.

4. Zwei Wege der Erschließung
Nun suchen Menschen gerade in einer konkreten Not ‚Sinn‘ nicht
unmittelbar als große Transzendenz. Sie suchen oft zunächst nach

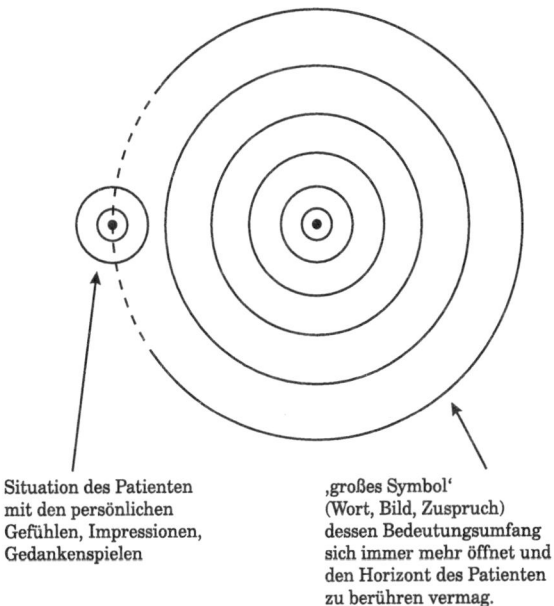

Situation des Patienten
mit den persönlichen
Gefühlen, Impressionen,
Gedankenspielen

,großes Symbol'
(Wort, Bild, Zuspruch)
dessen Bedeutungsumfang
sich immer mehr öffnet und
den Horizont des Patienten
zu berühren vermag.

Abb. 5: Erster Weg: Ein Symbol erreicht das Subjekt

dem Sinn dessen, was mit ihnen im Hier und Jetzt geschieht: dass
man in diesem Bett liegen, mit diesem Mitpatienten auskommen, an
diesem schönen Tag ausgerechnet im Krankenhaus liegen, mit diesem Verband und diesem Infusionsbesteck klarkommen muss; dass
bei dieser Behandlung „der ganze Arm blau geworden ist" oder
„wenn ich mich wiege, die Waage jeden Tag ein bisschen weniger an-
zeigt – da kann doch was nicht stimmen".
In der Seelsorge bieten sich *zwei Wege* dafür an, wie die Verbindung
zwischen den Pfeilern zu Stande kommt und der Zwischenraum gefüllt wird.
1. Oft ist ein Patient ganz bei sich, vielleicht grübelnd, vielleicht rat-
los, vielleicht trostlos. Da fällt sein Blick auf einen Sinnspruch, den
ein Freund ihm geschenkt hat – oder er hört in einer Radio-Anspra-
che ein Wort oder sieht an der Wand ein Bild, oder liest in einem
Buch – und wird berührt von dem Symbol. (siehe Abb. 5)
So lässt sich beschreiben, was ich oft bei der Krankenkommunion
erlebe, wenn die Glocken draußen, das Schriftwort drinnen oder ein
Gebet den Patienten berühren. Das geschieht sicher auch bei Pre-
digt, Gottesdienst, beim Feiern der Rituale, bei Erinnerungen und
geistlicher Lektüre.

2. Der andere Weg: Menschen sind zunächst ganz bei sich, äußern sich (un-ge-wußt) ‚symbolisch‘, im Gespräch weitet sich das persönliche Symbol und öffnet von sich aus eine spirituelle Dimension. Wenn dann der Seelsorger ein Wort, ein Bild der Schrift oder der Tradition des kirchlichen Festkreises, der religiösen Kultur findet, dann braucht dieses oft gar nicht weiter entfaltet zu werden, es verschmilzt mit dem geöffneten Symbol des Patienten und schließt dieses ‚nur noch‘ an die allgemeine religiöse Erfahrung an. (siehe Abb. 6)

Seelsorgliche Begegnung vollzieht sich dialogisch: Das innere System des Patienten kommt mit dem Rollen- und Konzeptsystem des Begleiters in Beziehung. Diese können sich aufeinander weg – einschwingen, sich berühren und so zur ‚spirituellen Kommunikation‘ werden. Der Horizont des großen Symbols ist fähig, weil menschheitlich und auf die große Transzendenz ausgerichtet, das Symbol des Einzelnen aufzugreifen und zu umfassen. Allerdings muss das große Symbol mit den Lebensinhalten des Gegenübers wirklich in Verbindung kommen, damit sich die geschichtliche Glaubenserfahrung verflüssigen und sie auch emotional erfahren werden kann. Dann haben die Symbole nicht nur einen Wiedererkennungseffekt („Das trifft genau meine Situation"), sondern sind auch Träger neuer Ideen („So herum habe ich das noch nicht gesehen"), des Geistes, der den Menschen über sich hinausführen will. Das Symbol wird dann in

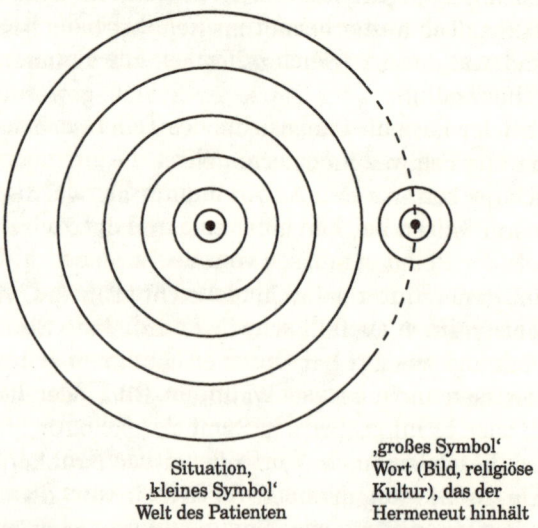

Situation,
‚kleines Symbol‘
Welt des Patienten

‚großes Symbol‘
Wort (Bild, religiöse
Kultur), das der
Hermeneut hinhält

Abb. 6: Zweiter Weg: Das persönliche Symbol wird spirituell erschlossen

gewissem Sinn Träger des Geistes, der die Selbstdeutung des Patienten angesichts seiner Lebenssituation und damit dessen eigene konstruierte Wirklichkeit verändern hilft. Die innere Wirklichkeit kann sich so in der größeren Wirklichkeit *nicht nur wiederfinden, sondern auch ‚Neukonstruktion von Wirklichkeit' ermöglichen*. – Wenn sie Anschluss an die ‚kleine Transzendenz' des Patienten finden (d.h. wenn der Patient den Anschluss mitvollziehen kann), dann füllen die großen Symbole den Sinn-Raum des Menschen mit religiöser, transzendenter Energie und verwandeln die persönliche Sinngebung im Licht eines alles umspannenden Sinnes.

Die Symbole der Religion umfassen auch das Widersprüchliche und Konflikthafte des menschlichen Lebens. Es ist inzwischen selbstverständlich, dass Seelsorge auch um die dunkle, abgründige Seite Gottes wissen muss, damit sie der Leidensgeschichte der Menschen begegnen kann, ohne diese zu überblenden und so zu entwerten. Dieses Wissen müssen sich Seelsorgende in ihrer eigenen Lebensgeschichte erwerben, sie müssen ihrer eigenen Gefährdung und Sterblichkeit begegnet sein und sie für sich aufgeschlossen haben, damit sie nicht die ihnen anvertrauten Patienten benützen, um scheinbar selbst ‚unsterblich' zu sein oder dort ‚das Sterben zu lernen'. Religiöse Deutung darf die Schrecklichkeit einer Situation nicht überspringen.

- „Das ist Ihr Karsamstag", sagt der Seelsorger am Tag vor Ostern zum deprimierten krebskranken Patienten. Und dieses Wort drückt nicht noch weiter herunter, es *bleibt* bei der niederdrückenden Erfahrung, und zugleich *öffnet* es eine Perspektive für den großen Durchgang.
- Als ich bei der Patientin angesichts des Tellers mit den Kartoffeln das Wort aus Psalm 23 variierte „Wirst du mir noch einmal neu den Tisch decken, vor den Augen meiner Feinde?" kamen ihr die Tränen – sie waren Zeichen einer erlösenden Symbolisierung.

Die Symbole der Religion müssen vom Seelsorger nicht immer explizit ins Spiel, vom ‚Hintergrund' in den ‚Vordergrund' gebracht werden. Symbole können auch in schweigendem Mitwissen verstanden werden. Dass und wie ihre persönlichen Sinngestalten beim Seelsorger ein Mitwissen und ein Ansehen finden, das ist für viele Patienten ein Signal, dass es im großen Horizont der Religion auch Platz für ihr kleines Bild gibt. Auch Worte der Patienten: „Da muss man durch", „Das muss man nehmen, wie es ist", kann man als Klischee abtun, oder man kann sie – weil beim Seelsorger ausgesprochen – als ‚Gebet' gelten lassen, als das Gebet, zu dem der Patient im Augenblick fähig ist. Damit kann Seelsorge Deutung ins Spiel bringen, die

die konkrete Situation des Menschen erreicht, sein Leid, seinen Schmerz, seine Schuld, Angst, Hoffnung. So kann sie das Leiden berühren und es heilend mit dem Gottes-Symbol in Beziehung bringen.

5. Dienstleistung: Leben verstehen
Im Drei-Pass,Denken – Fühlen – Tun' ist die Symbolisierung der zweite Zwischenraum: Er umfasst die Hilfe bei der Lebensdeutung und Sinnsuche, er ist: ,Verstehen, was Leben bedeutet'.

> Die Rolle des Hermeneuten ist ein lebensförderndes Angebot der Seelsorge an Klinik und Medizin. Seelsorge leistet in der Rolle desund der ,Weisen' einen wichtigen Dienst an den Menschen in der Klinik: Sie hilft mit, angesichts von Unterbrechungen und Abbrüchen des Lebens, an das Lebenswissen von Religion und die symbolisch-narrativ gespeicherte menschheitliche Weisheit anzuschließen. Diese Stützfunktion bei der Verarbeitung von Krankheit und Leid ist eine unersetzliche *Dienstleistung der Seelsorge,* sie gründet sich in Jesus Christus, den Boten, der die Weisheit des ewigen Gottes offenbart und als Evangelium ausgelegt hat.

2.3 Der dritte Zwischenraum: Das Begehen

Mit dem zweiten Vatikanischen Konzil hat die Katholische Kirche ihre Riten und ihre Liturgie neu überdacht. Ritus und Liturgie – diese Begriffe standen in unserer Gesellschaft bis vor kurzem für „erstarrte, zwanghafte Handlungsformen". Seit einigen Jahren hat sich ein eindeutig positiverer Ritualbegriff entwickelt. Inzwischen haben eine Jugendkultur, eine feministische Bewegung und eine Esoterik-Welle eine Unzahl von Riten selbst entwickelt und praktiziert. Und diese Kultur scheint das gereinigte und reduzierte Repertoire der Kirchen inzwischen längst in den Schatten zu stellen. Menschen brauchen offensichtlich eine Überhöhung ihrer Erfahrungen und einen sinnlich-leiblichen Ausdruck dafür.

1. Rituale als ,Reise'-geleiter
Bei allem „instrumentenlosen Begleiten", das die Krankenseelsorge der 70er-Jahre herausgearbeitet hat, hat auch die Seelsorge etwas zu ,tun', und es gibt auch Konzepte und Vorschriften, nach denen sie es tut. Schließlich hat auch der Patient viel zu ,tun', er muss seinen Weg ,gehen', er ,will' manchmal nicht mehr, er ,nimmt oder gibt den Kampf' auf, er ,macht' etwas durch, er ,leistet' Trauerarbeit, er hat

es ‚geschafft‘, „In den vier Wochen hier in diesem Zimmer habe ich mehr geschafft als in einem ganzen Jahr Arbeit". Was die Symbolisierung oft nur mit Worten in bewusst machender Absicht leistet, die menschheitliche Lebensweisheit und Gottes-Geschichte mit der persönlichen Lebensgeschichte in Verbindung zu bringen, das ‚tut‘ das rituelle Handeln: Es nimmt der Seele die Arbeit nicht ab, sondern stellt die ‚Arbeit‘ der Seele in den Horizont der ‚heiligen Wirklichkeit‘. Es ist wichtig, hier eine Unterscheidung vorzunehmen:

- *Rituale* sind in einem anthropologischen Sinn die von einer Gemeinschaft bereitgestellten *Verhaltensformen*, mit denen Menschen Krisen, Lebenssituationen und -übergänge begehen und sie so zu bewältigen versuchen.
- *Riten* sind *Rituale im religiösen Sinn*, die von der Glaubensgemeinschaft angeboten werden, um das Leben im Horizont des Heiligen begehbar zu machen.
- Als *ritualisierte Handlungen* gelten *Alltagsverhaltensweisen*, die – anders als Gewohnheiten – mit einem persönlichen Sinn belegt sind (z.B. in der Trauer: der regelmäßige Gang ans Grab des Verstorbenen).

Lebensabschnitte, Lebens-, Krankheits-, Sterbe- und Trauerphasen sind ‚Durchgänge‘ von einer – mehr oder weniger bekannten – Landschaft in eine andere. Solche Durchgänge bedeuten oft eine gefährliche Reise, die den Reisenden als einen Verwandelten entlässt. Geburt, Aufwachsen, Erwachsenwerden mit seinen Lebensphasen, Sterben ..., jede Krise berührt und bedroht das Mysterium des persönlichen Lebens.

Die Gemeinschaft, die religiöse und profane, bietet dem, der solche ‚Reisen‘ antritt, antreten muss, Rituale an. Sie begleitet den Reisenden, der den Weg nicht kennt und versichert ihm: Du gehst auf deine ganz persönliche Weise einen Weg, den alle Menschen gehen müssen. Das Ritual ist der symbolische Durchgang, der dem Reisenden versichert, dass auch sein Weg sinnvoll ist und sein Ziel findet. Viele Menschen erleben diese Übergänge und Krisenerfahrungen als Einbruch eines schicksalhaften Numinosen. Um diese Erfahrung zulassen und aushalten zu können, braucht es Formen, in denen man sich mit dem Numinosen in Beziehung setzen darf, ohne in seine gewaltige Macht hineinzustürzen. Das geschieht in den Riten der Religion. Die religiöse Gemeinschaft sagt dann: Der geheimnisvolle, weil durch eine Wandlung in noch unvertrautes, anderes Leben führende Weg erweist sich als ein heiliger Weg, wenn er mit dem Gottes-Geheimnis in Verbindung gebracht wird. Weil das ein heiliger Weg ist, ‚feiert‘ die

Glaubensgemeinschaft mit dem/den Betroffenen; der Weg ist nicht zu ‚machen‘, man kann ihn nur feiern. Die Verheißung, „dass dein Weg ein heiliger Weg ist", kann nur die Weisheit der Religion und die Menschengemeinschaft sagen. Sie verfügen über das Lebenswissen, das zu solchen Reisen gehört. Aber Vorsicht: Ich kann als Begleiter die Deutung für den Betroffenen nicht vornehmen: „An diesem Schicksalsschlag wirst du reifen ...". Die Frucht des Ritus muss der Patient auf seine Weise als sein Geheimnis entdecken. Ich als Begleiter kenne den Preis für solches Reifen nicht und muss ihn auch nicht mit meinem eigenen Leben bezahlen.

2. Liturgie als Mystagogik

Der Liturge, der die Arbeit des Menschen mit der Gottes-Geschichte anschaulich in Verbindung bringt, ist zutiefst kein reiner Macher, der nur darum besorgt ist, ob auch alles richtig ‚getan‘ ist. Er ist ‚Mystagoge‘: Er führt in die heiligen Mysterien ein, handelt sinnlich-symbolisch das heilige Drama durch und lädt dazu ein, daran teilzunehmen. Der Liturge – wohl gemerkt als Mystagoge – vertritt z.B. in Taufe, in Gebet, Krankenkommunion, Krankensalbung, Hand-Auflegen, Segen, Abschied am Totenbett, Beichte Gott als Mithandelnden und lässt ihn so als Mit-Tuer in unserer Wirklichkeit, als Dimension unserer Wirklichkeitserfahrung aufscheinen. Riten und liturgische Handlungen sind in sich religiös, insofern sie den Menschen in einer bestimmten Situation an der Tiefe und Weite des Lebens teilnehmen lassen.

Sie ermöglichen den Übertritt in den Bereich des ‚ganz Anderen‘ – in die große Transzendenz. Der Seelsorger be-geht im Auftrag der christlichen Glaubensgemeinschaft den Weg mit dem Klienten, den dieser ‚gehen muss‘. Wenn er ihn im Geiste Jesu Christi geht, so wird dem Klienten zugesagt, dann kommt er durch die Engpässe der Wandlung zu neuem Leben. Der christliche Ritus setzt den (in der Vergangenheit vollzogenen) Durchgang Jesu Christi durch Tod zur Auferstehung gegenwärtig, bringt den Patienten in der Gegenwart in Resonanz mit der Vergangenheit und ihrer Heilsgeschichte und sichert dem Patienten zu: „So wie du jetzt mit dem Geist Jesu Christi verbunden bist, so wird das auch auf deinem weiteren Weg ins unbekannte Land sein. Mit der Energie dieses Geistes wirst du auch in der Zukunft verbunden sein, jenseits des Heute. Auch dort wird Gott mit seinem Heilsversprechen bei dir sein." – Das ist der Hoffnungsaspekt der Liturgie: „Ich weiß nach einer Liturgie ..., dass mein grauer und halber Alltag" (meine Krankheitserfahrung, meine Depression ....) „nicht das letzte Wort über mein Leben ist. Auch weiß ich, dass Gott auf meiner Seite steht" (Zulehner 1980, 173), wenn ich meinen Weg jetzt weitergehen muss. Mit dem Gott, der auch bisher schon – oft unausdrücklich – in meinem Leben dabei war, wird hoffentlich auch die Zukunft gelingen. Mystagogisch gefeierte Liturgie verheißt und stiftet Hoffnung. Riten haben eine therapeutische Absicht und Dimension. Insofern sind Seelsorger ‚Therapeuten', als sie einen heilenden Weg mit dem Klienten gehen. Über das Therapeutische hinaus sind sie aber zutiefst Mystagogen, die den Klienten mit dem großen unverfügbaren ‚Geheimnis' in Verbindung bringen. Liturgie kann ebenso wenig wie die Symbolisierung Sinn ‚her'stellen, also erzeugen. Sie kann Sinn nur ‚darstellen', indem sie Gottes Handeln jetzt in diese Wirklichkeit hier ‚her'stellt und als wirksam bezeugt.

Es ist missverständlich, wenn immer noch (und immer wieder) eine ‚Entritualisierung der Sakramente' gefordert wird. Zwar darf sich der Seelsorger nicht hinter seinen rituellen Praktiken verstecken, aber eine Seelsorge im Angesicht von Krise und bedrohten und sich auflösenden Lebenssicherungen muss sich auf die anthropologische Komponente, nämlich ‚das Rituelle' am Ritus, stützen und darf es nicht leichtfertig auflösen. Untersuchungen gerade bei Schwerkranken und Sterbenden zeigen (Simon 1986, 21), wie wichtig die Stützfunktion des *Rituellen* im Sakramentalen ist.

In aller Regel muss liturgisches Handeln natürlich auf den beiden anderen Funktionen des seelsorglichen Drei-Passes aufbauen: auf Begleitung und Symbolisierung. Denn auch Liturgie ist symbolisierendes Handeln, das, zumindest heutzutage, nicht mehr von sich aus durch reines Machen (etwa wie eine verabreichte Medizin) seine Bedeutung entfaltet. Der Ritus muss selbst deutlich sein, das heißt den psychologischen Anforderungen an die Symbolisierung gehorchen. Vielleicht noch mehr als die symbolische Kommunikation und ins Wort gebrachte symbolische Bilder kann eine liturgische Handlung Lebenssituationen ‚bewusst' machen. Sie vollzieht eine Lebenswahrheit und lässt sie über das Denken und das Geistige hinaus sinnlich spürbar und auch in tieferen Schichten gefühlsmäßig erlebbar werden, also in einem umfassenden Sinn ‚zu Bewusstsein kommen'. Das gilt vor allem für die liturgische Feier von Lebenswenden; schließlich ist ein Lebensübergang schon per se für den betroffenen Menschen eine tiefe Erfahrung. Eine rituelle Begehung ist dann die äußere Darstellung und Feier dessen, was sich im Innern vollzieht und in was der Betroffene hineingenommen ist.

3. Dienstleistung: Segnen

So sehr betont werden muss, dass die psychologische Wirksamkeit des Ritus von der seelsorglichen Kunst der Symbolisierung abhängt, so sehr muss sich der Seelsorger aber auch den Gegenpol bewusst machen. Die *seelsorgliche Beziehung* ist auch *selbst* ein *Medium für die Transzendenz*. Mystagogisch verstandene Seelsorge muss davon ausgehen, dass – über die psychologische Erschließung von Gefühlen hinaus (und über die an das Subjekt des Seelsorgers gebundenen psychologischen Fähigkeiten hinaus) – Gefühle als „transsubjektive Atmosphären" (Josuttis 1993, 471) des Heiligen und Göttlichen möglich sind, sodass Menschen (auch der Seelsorger) in Resonanz mit dem Heiligen kommen können. In religiösen Riten kann (muss nicht) eine Resonanz mit den göttlichen Energien eintreten: Menschen werden auf psychologisch nicht begreifbare Weise vom Geheimnis ergriffen, sie wünschen sich das (unbewusst) nicht nur oder stellen es sich vor – *es wirkt vielmehr mit transsubjektiver Macht*. Die psychologischen und soziologischen Bedingungen, ohne die Riten ihre Wirkung in heutiger Zeit kaum noch entfalten können, müssen an den Grenzen des Lebens besonders sorgfältig berücksichtigt werden. Das gilt z.B. für die Nottaufe, vor allem für Zeichen und Sakramente beim Sterben, für die ‚letzte Ölung‘, für den Abschied am Totenbett, für die Situation vor, während und nach der Beerdigung und für die Trauerbegleitung.

Die liturgische Handlung ist – wie die religiöse Symbolisierung – eine wichtige *Stützfunktion,* die die Menschheitsgemeinschaft in Form der Religion für Krise, Krankheit und Sterben zur Verfügung stellt. Insofern gehört sie zu den *spezifischen Dienstleistungen,* die Seelsorge in Klinik und Medizin einbringt. – Christliche Seelsorge gründet ihre mystagogische Liturgie auf Jesus Christus, den Mittler, der mit Leib und Leben das Geheimnis Gottes bezeugt und für den Menschen öffnet. Auch Seelsorger kostet es dieses leiblich-lebendige Bezeugen des ‚ganz Anderen‘ angesichts von schwieriger Lebenserfahrung und den Gefahren, die ein Übergang von einer vertrauten in eine noch unbekannte Lebensphase mit sich bringt.

Für viele Menschen hat bereits die Begegnung mit dem Seelsorger, der Seelsorgerin ihren ‚Segen‘. Patienten erzählen dem zunächst völlig fremden Seelsorge-Besucher aus ihrem Leben, von ihrer Kranken- und Leidensgeschichte. Sie vertrauen diese dem Besucher in seiner Rolle an. Auch Arzt, Pflegende, Krankengymnasten, Hebammen sind in diesem Sinn ‚Fremde‘. Die eigenen Familienangehörigen kennen ja die Geschichten und Deutungen schon alle („Oma, das hast du schon hundertmal erzählt"). Als Rollenträger haben diese Fremden eine wichtige Bedeutung: Sie haben auf Grund ihres Amtes (oft ausgewiesen durch eine Uniform oder ein Namensschild) eine so ausgezeichnete Funktion in der Gesellschaft, dass die Gesellschaft ihnen ihre Mitglieder in Lebenskrisen anvertraut, die viel mit den Wegen zwischen Leben und Tod zu tun haben. Diese Menschen sollen etwas von der Bedeutung meines (des Patienten) Lebens erfahren und es für ansehenswert erachten. Dieses Ansehen, das alle therapeutisch Tätigen die Patienten spüren lassen können, ist ein ‚Segnen': Es hebt das (unbedeutend erscheinende) Leben auf eine höhere Ebene, bringt es vor eine ‚höhere Macht'. So ist denn ‚Segnen' in einem anthropologischen Sinn: diesen Augenblick meines Leidens, meines Glücks, meines Sterbens … zusammen mit dem ganzen Leben dieser transsubjektiven Macht anvertrauen, sodass Menschen „das strahlende Gefühl haben, ins volle Vertrauen zu sich selbst und in die Zukunft versetzt worden zu sein" (Dolto 1985, 133). Solcher Segen trägt dann auch über Abgründe, die zu überschreiten der Mensch sich alleine nicht zutrauen würde. Im religiösen Sinn ist ‚Segen' die Zusage Gottes, dass auch mein Leben und mein Weg geglückt sind und weiter glücken werden. Natürlich verliert dadurch das liturgische Segnen nicht seine Bedeutung. Aber oft muss der liturgischen Geste die Erfahrung vorausgehen, dass Gott mir sein Antlitz in Form des Angesehen-, Angehört- und Angerührt-werdens zugewandt hat.

Der dritte Zwischenraum ergänzt die beiden anderen: Er entsteht dadurch, dass die Grenzbereiche des Lebens und sogar die Todeszone begangen werden. Im Ritus und im rituellen Handeln wird der Mensch in das Geheimnis jenseits der Grenze eingeführt. Von dort bekommt er auf seinem – oft gefährlichen – Weg den Segen.

2.4 Der Innenraum: Das Geheimnis

Der ‚Drei-Pass' hat noch einen vierten Raum, den er umkreist, der bisher frei blieb, in dem aber alle Grundfunktionen rückgebunden sind:

- Anthropologisch gesprochen: das ‚Geheimnis der Person', das Allerpersönlichste der Person, das unverfügbar ist und das seinerseits auf ein letztes, transzendentes Geheimnis verwiesen ist.
- Philosophisch gesprochen: das, was die Funktionen befähigt zu funktionieren, die ‚Mitte', die die Teile zum Ganzen macht.

– Auf der Ebene von Religion und Glauben gesprochen: das innerste Geheimnis, ‚ein letzter Sinn‘, auf dessen Hintergrund im Vordergrund das geistige, seelische Leben spielt, letztlich die ‚heilige Wirklichkeit‘, die Glaubende Gott nennen (K. Rahner bestimmt den Menschen als „verwiesen in das grenzenlose Geheimnis", wie er das Wesen Gottes umschreibt).

Im Mittelpunkt der Krankenanstalt in Colmar stand als zentrales Medium für die Heilung das ‚heilige Bild‘. In der Mitte, im Sanctuarium, wurde symbolisiert, dass Heilung nicht machbar ist und dass alle Helfer von Medizin, Pflege und psychosozialen Diensten einschließlich der Seelsorge nur Bedingungen schaffen können, unter denen Heilung möglich ist, dass Heilung letztlich vom ‚ganz Anderen‘ kommt.

2.5 Das Innenbild der Seelsorge

Der seelsorgliche Drei-Pass ergibt also das (Innen-)Bild:

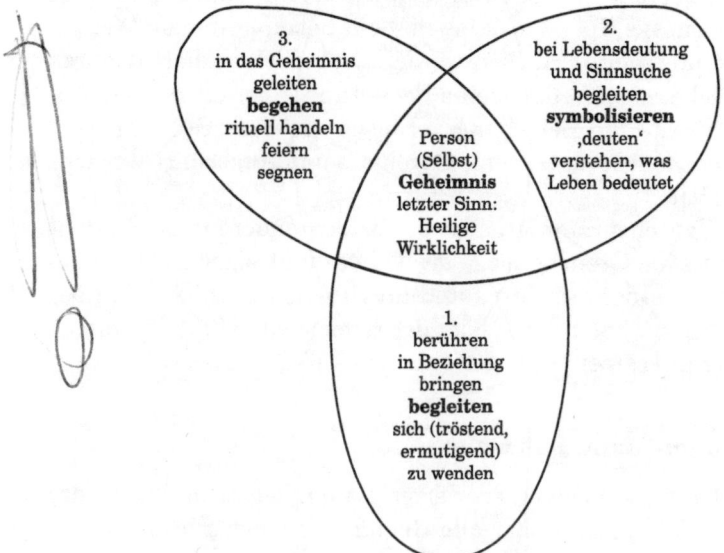

Abb. 7: Der Drei-Pass der Seelsorge erschließt die Zwischenräume

Kann sich Seelsorge mit ihren Methoden auch dem ‚ganz Anderen‘ nähern? Diese Frage muss im folgenden weiter beschäftigen.

Ist der seelsorgliche Drei-Pass ein neues Paradigma für die Krankenhausseelsorge bzw. für die Seelsorge überhaupt? Als die oft einseitig an Verkündigung und Sakrament orientierte Seelsorge Ende der 60er-Jahre durch das Begleitungs-Modell abgelöst wurde, blieb immer die kritische Frage, worin sich Seelsorge eigentlich (noch) von anderen Diensten im Krankenhaus, z.B. dem psychologischen Dienst, Sozialdienst, unterscheide. Der Drei-Pass mit seiner ‚Mitte‘ ist ein Leitbild, das die Entwicklungen in Seelsorge, Religionspädagogik, Pastoralpsychologie und Liturgik in der jüngeren Zeit aufnimmt. Dieses Leitbild setzt einerseits am anthropologisch fundierten Lernmodell ‚Denken – Fühlen – Tun‘ an, geht aber in die für Seelsorge entscheidenden *Zwischenräume*. Sowohl die alte Fixierung auf die Sakramentenspendung als auch die einseitige Betonung der nur ‚mitgehenden‘ Kommunikation werden überwunden, indem zum Begleiter hinzu der Hermeneut und ‚sein Zwilling‘, der Mystagoge, in ein dynamisches Modell eingebunden werden. Der seelsorgliche Drei-Pass erschließt die Zwischenräume und ermöglicht: ‚Berühren – Verstehen – Begehen‘.

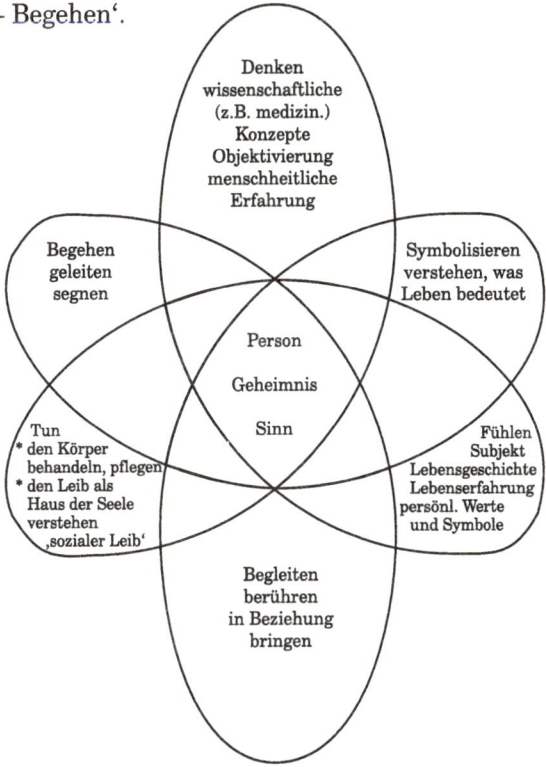

Abb. 8: Der Drei-Pass der Seelsorge erschließt (im Kontext von Medizin und Krankenhaus) die Welt des Patienten

Zwar ist ‚Das Heilige' die Wurzel und das Fundament des menschlichen Heils und somit die Mitte. Der Erschließungsprozess der Seelsorge beginnt in der Regel jedoch im ‚Außen' der Grundfunktionen in der Reihenfolge: Diakonia – Martyria – Leiturgia. Der Weg geht also *induktiv* von außen nach innen, er geht zum Höhepunkt hin, nicht deduktiv von diesem her. In der Regel geht der Weg von der erfahrbaren Liebe aus (Diakonia), eröffnet die Möglichkeit des Glaubens (Martyria) und stiftet Hoffnung, indem sie das Geheimnis begeht, das auch die Zukunft umfasst (Leiturgia).

Entfaltet man die Zwischenräume, so ergibt sich für das seelsorgliche Selbstverständnis folgendes Bild:

Seelsorge	erster Zwischenraum	zweiter Zwischenraum	dritter Zwischenraum
seelsorgl. Methode	Begleiten	Symbolisieren	Begehen
seelsorgl. Medium	Nähe und Distanz	Wahrnehmung (Wort, Bild, Geste …)	rituelle Handlung
seelsorgl. Tätigkeit	Berühren Anrühren	Verstehen ‚Deuten'	rituell begehen das Geheimnis darstellen
seelsorgl. Dienstleistung	sich heilsam zu wenden	bei Lebensdeutung und Sinnsuche helfen	segnen, in das Geheimnis ‚geleiten'
seelsorgl. Rolle	SeelsorgerIn BegleiterIn	HermeneutIn	LiturgIn
archetypische Rolle	HirtIn	Weise(r) ProphetIn	MystagogIn

Tab. 1: Entfaltung der Zwischenräume

2.6 Die Innenwelt erweitern: Koinonia

Die *Beziehungsdimension*, die in der seelsorglichen Grundfunktion des Begleiters verwirklicht wird, bedarf noch einer wesentlichen Ergänzung: des *Gemeinschafts- und Weltbezuges*. Theologisch geht es um den Begriff ‚Koinonia'. Isidor Baumgartner (1990, 125) zählt ihn zum Koordinatensystem seelsorglicher Begleitung. Das Modell ‚Begleiten – Verstehen – Begehen' darf nicht nur die Innenseite der Seelsorger-Patient-Beziehung darstellen, es muss auch für die Umwelt des Patienten geöffnet werden. Der Beziehungsaspekt ist deshalb so wichtig, weil die vielschichtige Welt des Krankenhauses wesentlich als ein System von sozialen Rollen definiert ist. Nicht nur die Mediziner und die Pflegekräfte haben ihre Rolle, nicht nur alle anderen medizinisch-therapeutischen Berufe, die Versorgungs- und Hilfsdienste und die Verwaltung; auch der Status des Patienten wird einer Rolle zugeschrieben: So werden aus ‚Mitbürgern' und ‚Zeitgenossen' durch die Krankenhaus-Einweisung und die Untersuchungsroutine schließlich ‚Träger einer Diagnose', ‚Anspruchsberechtigte für Behandlung und Pflege' und oft ‚Behandlungspflichtige' (z.B. intensiv-, dialyse-, beatmungspflichtig).

Aus Subjekten werden Rollenträger, so wollen es die soziologische Struktur und der funktionelle Ablauf von Institutionen. Die Lebenswelten der beruflich Tätigen ebenso wie die der Patienten spielen – strukturell gesehen – ‚keine Rolle'. Nicht nur Patienten müssen jedoch mit ihrer Innenseite Kontakt haben, um eine Krankheit und die oft mit ihr verbundene Veränderung des Lebens verarbeiten zu können. Auch die professionell Tätigen können nur um den Preis einer völligen Affektneutralität oder reiner Routinehandlungen ihre Persönlichkeit verleugnen. Organisationen wie Betriebe, Krankenhäuser etc. machen inzwischen vermehrt Anstrengungen, um die Beziehungsdimension wiederzugewinnen. Am intensivsten geschieht das sicher schon seit einiger Zeit im Pflegebereich. Dennoch wird sich auch für die Pflege der Trend nicht aufhalten lassen, dass die *Sachorientierung* gegenüber der *Personorientierung* immer *weiter zunimmt*.

Es gehört zu den genuinen Aufgaben der Krankenhausseelsorge, die ‚Koinonia' zu ermöglichen und an den Bedingungen dafür mitzuarbeiten. Im Modell lässt sich ‚Koinonia' als das äußere Feld beschreiben, in das die Innenstruktur eingebettet ist. (siehe Abb. 9)

Was ‚Koinonia' im Krankenhaus bedeutet, soll zunächst an den Hauptpersonen, den Patienten und ihren Angehörigen dargestellt

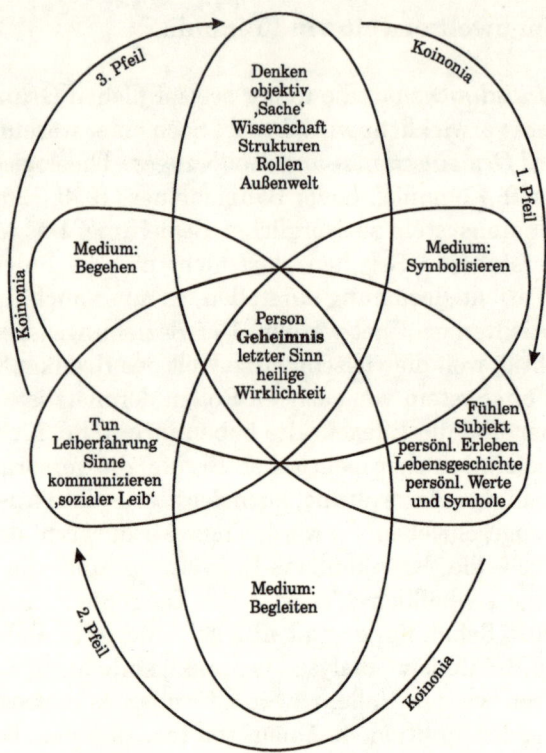

Abb. 9: Die ‚Koinonia‘ als Erweiterung der Innenwelt

werden. Krankheit und Krankenhausaufenthalt bringen es mit sich, dass der Kranke und oft auch seine Angehörigen die vertraute Beziehung zu sich selbst, zu ihrem Körper, zu ihrem Lebenskonzept, zu ihren bisherigen Rollen in Familie, Beruf, Freundeskreis erschüttert finden. Eine notwendige Unterstützung bei Krankheit – und erst recht beim Sterben – ist die teilweise Aufhebung der Entfremdung und die Aneignung der lebenswichtigen Beziehungswelten.

1. *Der erste Pfeil:*
Ermächtigung zum Subjektsein.
Der Patient ist in erster Linie unter dem Vorzeichen einer abstrakten medizinischen Behandlung, also unabhängig von Ort, Zeit und Person, im Krankenhaus. Der somatischen Medizin liegt das Paradigma der Objektivierung zu Grunde. Die Krankheit wird als von der Person getrennte Sache herausgefiltert und behandelt.

- Der Seelsorger wird zu einem Notfall in die Herzklinik gerufen. Die Ärzte bemühen sich mit allen erdenklichen Mitteln um die Wiederbelebung einer älteren Frau. Als sich die Aussichtslosigkeit der Bemühungen zeigt, machen sie dennoch einige Minuten weiter, bis die Tochter der Patientin eingetroffen ist. Sie soll die Mutter noch lebend antreffen können. Die junge Frau starrt voll Entsetzen auf die Monitore und hofft, dort Lebenszeichen zu finden. Der Seelsorger macht sie behutsam aufmerksam: „Hier ist Ihre Mutter". Die Tochter bricht in Weinen aus und kann sich von ihr verabschieden.

,Koinonia' heißt hier: *Die Person hinter aller Abstraktion* (deren Medium sind die Apparate) aufzusuchen. Im obigen Fall sind Arzt und Seelsorger den Weg gemeinsam gegangen. Ein erstes Anliegen der seelsorglichen Begegnung (dieses Anliegen haben noch andere therapeutische Berufe) ist es daher, die Person in der Rolle und hinter dem Fall zu identifizieren. Oft scheinen die medizinischen Funktionen und Hilfsmittel den gesamten Raum einnehmen zu müssen, der Patient erscheint dann nur noch als Objekt medizinischer Konzepte. Die medizinische und Krankenhaus-bezogene Sachwelt ist wichtig: Zu ihr wurde der Patient ja gerade hingebracht. Sie wird auch zeitweise dominieren und Aspekte am Menschen objektivieren müssen. Aber ohne dass der Patient die abgeblendeten Anteile in sein Leben, in seinen Leib, in seine Psyche integriert, wird er nicht gesund werden können. – Ein Medium, die Beziehung zu sich selbst, zur Person und ihrer inneren Welt wiederzugewinnen, ist die Bedeutungs-Dimension: „Was bedeutet das alles für Sie?" In der ,Bedeutung' werden abstrakte, fremde Konzepte auf die Person bezogen, die Sachebene wird mit der emotionalen und spirituellen verknüpft und an die Identität angeschlossen.

2. Der zweite Pfeil:
Vom Individium zur Gemeinschaft.

Eine Krankenhaus-Einweisung trennt – anders als ein Urlaub – von der gewohnten sozialen Umgebung. Fremde Menschen sind plötzlich die Bezugspersonen, auf die ein Patient oft in allen seinen Bedürfnissen angewiesen ist. Damit fehlt eine wichtige Stütze seiner Identität: „Wer bin ich überhaupt für die, die nur beruflich mit mir zu tun haben?" Es fehlen Menschen, mit denen man das ganze persönliche Erleben, die kleinen Alltagserfahrungen und die großen Erschütterungen teilen kann, sodass ich trotz der gesundheitlichen und körperlichen Einbußen, trotz der psychischen Regression Wertschätzung erfahre. Andere Menschen, Begleiter müssen dann etwas von den Ich-Funktionen übernehmen, die gerade bei Krankheit (erst recht im Sterben) geschwächt sind. „Ich bin bei den anderen angesehen", das stärkt die Identität des Kranken und hilft bei der Verarbeitung der elementaren Entfremdungs-Erfahrungen.

Das ‚Medium' für diese Koinonia-Funktion ist die *Begleitung* bis hin zur körperlichen Berührung (durch die Schwerkranke sich oft erst wieder spüren und wertschätzen können).

Nicht nur die professionell Tätigen und die Angehörigen sind mit dieser Koinonia-Aufgabe betraut, sondern auch die Berufskollegen, die Freunde, die Wohn- und Pfarrgemeinde, die dem Patienten zeigen, dass er auch als schwaches Mitglied Bedeutung und Ansehen in der Gemeinschaft hat.

3. Der dritte Pfeil:
Vom ‚Binnenland' zur Außenwelt.

Damit ist die Erfahrung gemeint: „Ich bin ein Teil der Welt, die Welt gehört zu mir, ich bin nicht abgeschnitten von der Realität draußen." Der Kranke ist – vorübergehend oder auf längere Sicht oder progredient – von vielen Identitäts-Stützen, z.B. von Lebensrollen, von Beruf und Hobby, von Natur und Sachwelt, von Gesellschaft und Zeitgespräch abgeschnitten oder darin bedroht. Was ihm bisher Selbstvertrauen und Identifikationsmöglichkeit gab („Ich kann Welt mitgestalten, ich kann etwas"), das fehlt ihm als Kranken teilweise oder ganz. Die fehlenden Identitätsstützen können auf vielfältige Weise vorübergehend ersetzt und ergänzt werden:
- durch die Professionellen, die quasi als Repräsentanten der Gesellschaft sich für den Patienten, seine Lebensgeschichte, seine Rollen, seine Hobbys, seine Urlaubsziele interessieren,
- durch Dienste wie Sozialdienst (Anbindung an soziale Realitäten bis hin zu finanziellen Fragen), ehrenamtliche Besuchsdienste, Bücherdienst, Hausrundfunk, aber auch nachbarschaftliche Hilfe,
- durch regelmäßige Besuche, die die Welt draußen mitbringen und zeigen, dass diese weiterhin ihren regelmäßigen Ablauf hat, sodass der Patient wenigstens virtuell mit seinem kleinen Kosmos an den größeren angeschlossen bleibt,
- in gewisser Weise sind auch die kirchlichen Riten (sonntägliche Krankenkommunion, Gottesdienst, Fernsehübertragung) ein Angebot der Teilnahme an Verlässlichkeit vermittelnden Strukturen.

Auch die dritte Koinonia-Funktion darf die Seelsorge nicht als oberflächlich oder zu materiell gering schätzen. Führen doch auch Gespräche in diesem Bereich oft über die Frage: „Wer bist du noch alles?" über die Krankenrolle hinaus und damit in den größeren Raum von Identität und Welt.

Auch bei der Koinonia-Dimension erweist sich die Stärke des Seelsorge-Modells ‚Begleiten – Verstehen – Begehen': Die seelsorglichen Zwischenfunktionen tragen als Medium dazu bei, dass zergliedernde Schnittmuster überbrückt werden und das Identitätsgefüge wieder tragfähiger wird.

Die hier skizzierte Reihenfolge: Vom ‚medizinischen Fall' zur ‚Persönlichkeit', vom ‚Individium' zur ‚Gemeinschaft', vom ‚Binnenland' zur ‚Sach- und gesellschaftlichen Welt' ist nur eine systematische Darstellung. Im ‚wirklichen Leben' ist *Koinonia ein zirkuläres Geschehen*; die Beziehungserfahrungen beeinflussen sich gegenseitig: So wird ein Patient, der sich in seiner Familie gut aufgehoben weiß, darin eine Hilfe finden, die Beziehung zu sich selbst wiederzugewinnen. Oder eine Patientin, die sich in der Zeit ihrer Krankheit eine innere Neukonstruktion ihrer Lebenswirklichkeit erarbeiten konnte, wird wieder neu ihre Beziehung zur Umwelt oder auch zur Berufswelt gestalten können.

4. Anwalt der Koinonia: ‚Könige' und ‚Älteste'

Was kann die Rolle der Seelsorge bei der Gestaltung der Koinonia-Dimension sein? Zunächst ist Seelsorge im offiziellen Rollengefüge des rein zweckorientiert aufgebauten säkularen Krankenhauses nicht vorgesehen. Aber gerade diese informelle Rolle könnte es der Seelsorge erlauben, sich zwischen alle – bereits von Rollen besetzten – ‚Stühle' zu begeben. Vielleicht ist das ein anschauliches Bild, angelehnt an ein Problem in vielen Krankenzimmern: Es ist oft schwer, einen Sitzplatz am Bett des Patienten zu finden. Oft gelingt es kaum, die schweren Stühle oder Sessel herbeizuschleppen und sich – für den Patienten möglicherweise bedrohlich – ‚niederzulassen' („Was hat der jetzt vor, wenn der so ausgiebig Platz nimmt?"). Ein Bild, das mir hilft, da zu sein und doch keinen fixierten Platz zu haben, ist der ‚Melkschemel' der Alpen-Senner. Mit diesem (oft nur einbeinigen) symbolischen ‚Stuhl' begibt sich Seelsorge überall da hin, wo Beziehung aufgenommen, wieder angeknüpft, vertieft, versöhnt, angeschaut, in Frage gestellt, losgelassen, betrauert ... werden muss. Wenn der ‚Melkstuhl' eine Hilfsvorstellung für die Rolle der Seelsorgenden sein kann, so kann die archetypische Rolle des ‚Königs' und des ‚Ältesten' eine Hilfe für die Rollenidentität des Seelsorgers im

Gesamtgefüge der Institution sein. Vielleicht ist das Bild vom ‚König', wie Richard Rohr (1995, 85 ff) es beschreibt, der einen eigenen Herrschaftsbereich hat, Ordnungsgeber ist und sich zum Anwalt auch der Schwachen und Bedürftigen im System macht, für sich allein genommen zu archaisch. Auf jeden Fall enthält es die Vorstellung, dass *Seelsorge von einem eigenen Terrain aus mit eigener Legitimation Anwalt der Koinonia* ist: Seelsorge tritt mit eigenem Selbstbewusstsein in das Beziehungsgeflecht der vielen Rollen ein und übt ihre Funktion zum Wohl der dem System anvertrauten und in ihm arbeitenden Menschen aus. (Dass das oft nur punktuell und projekthaft gelingt, vor allem in Bezug auf die therapeutisch Tätigen, spricht nicht gegen die Rolle der Seelsorge).

Ein zeitgemäßerer Archetyp ist sicher der/die ‚Älteste'. Vielleicht müssen alte Bilder wie ‚König' und ‚Königin' mit dem Bild vom ‚Ältesten' verbunden werden. Die Bilder einer früheren Zeit und ihre Inhalte sind nicht einfach überholt, nur weil sie in der Reinform seltener und in anderen Zusammenhängen vorkommen – es gibt in Europa immerhin noch Könige und Königinnen. Gerade die Verbindung des ‚Königs' mit seiner Macht und des ‚Ältesten' mit seiner Weisheit bewahrt den Leiter vor Allmacht und den Weisen vor Harmlosigkeit: Der Seelsorger ist weder allein zuständig bezüglich des Persönlichen im Krankenhaus noch ohnmächtig im Konzert der Professionellen.

Es ist Aufgabe des Ältesten, die Weisheit der Vergangenheit mit der Weisheit der Heute-Welt zu verbinden. Mit dem König zusammen kann er ‚Leiter im Übergang' sein, der Werte der Vergangenheit, auch der biblischen Tradition, in die Zukunft transformiert. Persönlich hat der ‚Älteste' seine eigenen Probleme mit Macht und Ohnmacht, Ansehen, Geliebtseinwollen, Einsamkeit und Trauer weitgehend für sich geklärt, eigene Konflikte in sich ausgetragen. So kann er sich für die Integrations-Aufgabe zur Verfügung stellen. Er kann sich fremden Konflikten aussetzen als Vermittler oder Trainer, er kann sich zum Anwalt der Werte in einem System machen, das zunächst von Pragmatik, Wissenschaftslogik und Wirtschaftsdenken bestimmt ist. Er hat seinen Ort nicht jenseits, sondern zwischen allen Funktionen. Älteste versuchen, sich einen Überblick zu verschaffen. Sie werden aber nicht bei allem Good-will einer Gemeinschaftsromantik verfallen und Rollen-Hierarchien in Organisationen missachten oder sie herunterspielen. Sie werden die Grenzen von Systemen und Subsystemen beachten, ohne die, wenn man nur von wohlgemeinten Gemeinschaftsvorstellungen ausgeht, oft Verwirrungen und Konfliktherde entstehen würden.

Mit diesem inneren Bild kann Seelsorge in der Klinik auch Gesprächspartner der Verwaltung sein, kann sich einmischen, wenn es um die Unternehmensphilosophie geht oder um ganz praktische Anwaltschaft für einen konkreten Menschen. Seine innerste Legitimation hat der/die Älteste aus der Verbundenheit mit Gott, die Grund ist für die Koinonia der Menschen untereinander (Zulehner 1990, Bd. 2, 91ff). Weil er sich nicht nur dem Äußeren, den materiellen und finanziellen Resourcen verpflichtet weiß, sondern auch dem ‚Geheimnis‘, der inneren Wirklichkeit, muss und kann er den Blick für das Ganze des Menschseins offen halten. Auch die Ältesten haben nicht ‚das Ganze‘, können es nicht herstellen. Aber sie helfen mit, dass alle ‚Schleifen‘ zum Zug kommen und nichts verloren geht. So können Seelsorgende als Älteste daran mitarbeiten, dass in einem zunächst funktionalen Beziehungsgeflecht eine Vision für das Ganze gesucht wird.

3. Die Mitte im Drei-Pass – Wechsel in eine andere Dimension

3.1 Kann Seelsorge ‚das Geheimnis‘ erschließen?

Bisher ist die *vierte* Koinonia-Dimension im Hintergrund geblieben: Die *‚Rückbindung‘ der Außenschleifen an die Mitte*. Die Frage ist, ob und wie die Seelsorgefunktionen ‚Begleiten – Verstehen – Begehen‘ etwas von der ‚heiligen Wirklichkeit‘ aufschließen oder ob diese letztlich nur Methoden, also bezüglich der ‚Mitte‘ nur blinde Werkzeuge bleiben.

Es geht um die für die Seelsorge entscheidende Frage, ob man methodisch dem Glauben und der Spiritualität der Menschen beikommen kann.

Der Leiter einer Balint-Gruppe für Klinikseelsorger, ein erfahrener Psychiater und Psychotherapeut, formulierte einmal seine Erfahrung mit der Seelsorge: „Wenn ich als Arzt mit meinem Latein am Ende bin, verfügen die Seelsorger immer noch über einen ‚Koffer‘, den sie dann aufmachen. Ich staune jedes Mal, denn wenn ich in den Koffer hineingucke, ist er ja leer. Und trotzdem hat das, was darin ist, einen Sinn und eine Wirkung. Das macht mich auch in gewissem Sinn neidisch auf die Seelsorge."

Wie ist das also mit dem Inhalt des ‚Koffers‘: Sieht den nur der Außenstehende leer? Muss die Mitte grundsätzlich unaussprechlich oder gar völlig offen bleiben?

Das Modell ‚Begleiten – Verstehen – Begehen‘ gibt methodisch Wege an, deren sich letztlich auch die Psychotherapie bedient: Die verstehende Anteilnahme und Begleitung, die Deutung der dem Klienten unbewussten Konflikte und Traumen, seiner Rekonstruktionsversuche und Symbolbildungen, und nicht zuletzt Rituale, in denen psychische Prozesse modellhaft durchgegangen werden. Sicher unterscheiden sich Seelsorge und Psychotherapie darin, dass sie die persönlichen Bilder der Klienten auf jeweils verschiedene Deute-Muster beziehen. Dabei steht dem Psychotherapeuten sogar noch viel mehr Material an Mythen, Märchen, therapeutischen Geschichten – einschließlich einer Auswahl aus der biblischen Überlieferung – zur Verfügung, während die kirchliche Seelsorge streng genommen nur die Texte und Kontexte der kirchlichen Tradition zur Verfügung hat. Es gibt zwar immer noch (oder immer mehr?) Therapeuten wie jene Ärztin, die wissen wollte, warum Patienten denn die Seelsorge wünschen. Unter „religiösen Bedürfnissen kann ich mir nichts vorstellen". Doch – es fiel ihr ein, dass sie ja in einer Nonnenschule erzogen wurde und die „so komische Geschichten erzählten" ... das sei wohl Religion. – Anders als diese Ärztin wissen aufgeklärte Therapeuten durchaus, dass es zur ärztlichen Kunst gehört (z.B. Gallmeier 1996, 10), Patienten nicht nur zuzugestehen, dass sie religiös sind, sondern sie auch mit den *Inhalten* ihres religiösen Systems, den Glaubensvorstellungen und damit verbundenen Emotionen und Wertungen (vgl. Petzold 1997) ernst zu nehmen. Ein Psychotherapeut muss mindestens im Stande sein, darüber zu kommunizieren.

1. Seelsorge: nur ,darüber' kommunizieren?
- In einem Fortbildungsseminar legt ein Seelsorger ein Gesprächsprotokoll vor, das folgende Passage enthält:
  Patientin: „... ich hatte zwar einige Unfälle, aber mein Schutzengel hat mich immer begleitet. Mein Mann sagt zwar, ich hätte halt Glück gehabt, aber ich bin mir sicher, dass ich einen Schutzengel habe."
  Seelsorger: „Es ist für Sie sehr wichtig, etwas zu haben, dem Sie vertrauen und an das Sie glauben können?"
  Diese Antwort des Seelsorgers hätte auch ein Therapeut jedweder Schule geben können. Auch Seelsorger sind in Gefahr, ,das Geheimnis' zu umgehen. Wem, wenn nicht *dem Seelsorger*, soll die Patientin ihr Geheimnis öffnen, mit dem sie in ihrer nächsten Umgebung auf Unverständnis stößt? Und wer, wenn nicht der Seelsorger, soll das tiefere Geheimnis darin aussprechen: „Sie vertrauen auf Gott, der Ihnen den Engel schickt."
- In einem anderen Gesprächsprotokoll erzählt eine Patientin, wie sie sich auf den Enkel freut und dass sie mit ihm schon gebetet habe, als er noch ein kleines Kind war.
  Patientin: „Auch heute noch beten wir gemeinsam vor dem Mittagessen."
  Seelsorgerin: „Es ist Ihnen sehr wichtig, gemeinsam zu beten?"
  Die Patientin erzählt über ihre Freude am Gebet. Die Seelsorgerin verabschiedet sich. – Hier hat die Seelsorgerin den Anschluss an das Geheimnis nicht gewagt: das Gebet.

Der Psychotherapeut kann nur bis zur Realität gehen, bis an die Grenze einer Emotion, eines Musters, einer Schulderfahrung, einer Endlichkeitserfahrung. Er kann nur die Wahrheit herausarbeiten: die Unausweichlichkeit des Todes, die Schuldfähigkeit und dass es schmerzhaft ist, an Grenzen zu stoßen. Und er kann den Klienten nur bis hierhin führen, wo die Realität, ein Schicksal, eine Krankheit, eine Trauer zu bestätigen sind oder dass tiefste Wünsche nicht in Erfüllung gehen. Seelsorge dagegen stellt die Frage des Glaubens: *In wessen Namen* dieses Akzeptieren, diese Nicht-Erfüllung mit all den Folgen und der offenen Zukunft *gewagt werden*: „Wage ich es mit diesem Gott?" (Andriessen 1992, 75). Bei der Möglichkeit längerer Begleitung muss Seelsorge diese Frage nicht nur stellen, sondern auch den Prozess mitgehen, der diesem Wagnis mit all seinen Zweifeln, Hoffnungszeichen und Rückschlägen folgt. Der Seelsorgende selbst muss es wagen, den Patienten aus sich herauszuführen und das Geheimnis des ‚ganz Anderen‘ auszusprechen. Auf welche Weise Seelsorge das Geheimnis an- und ausspricht, ob explizit zusprechend („Haben Sie Vertrauen zu diesem Gott, der den Schutzengel schickt!"), ob eingebettet in ein Gebet („Gott, ich möchte dir vertrauen, aber ich habe auch große Angst vor dieser Operation") oder implizit mit den Bildern der religiösen Tradition, ob erzählend mit den Kontexten, in die die großen Glaubenserfahrungen eingebettet sind, wo also der Kontext auf das ‚Geheimnis‘ verweist, – das ist keine grundsätzliche, sondern eine Frage des persönlichen Stils, der Methode, aber auch der Kanäle, auf denen der Patient sendet und empfängt. Gelegentlich eröffne ich gegen Ende eines Gesprächs die seelsorgliche Dimension nochmals mit der Aussage: „Jetzt haben wir eine ganze Zeit lang miteinander gesprochen – Sie mit dem Seelsorger." Dann hat der Patient die Möglichkeit, sein Verständnis von dem seelsorglichen Gehalt des Gesprächs zu benennen und zu gewichten. Für die Seelsorge ist ihr ‚aktives Zuhören‘ mehr als ein Widerspiegeln der Gefühle, mehr als Ermöglichung von Selbsterkenntnis und ein Freilegen der Realität. Wenn Seelsorgende Kranke besuchen, bringen sie den ‚Horizont des Geheimnisses‘ mit. Sie müssen dann bereit sein, auch eventuell tiefere existenzielle Fragen zuzulassen, die sie mit ihrem Kommen aktivieren, und mit den Fragenden und Suchenden nach dem Gegenüber zu tasten, der so ganz anders ist und eine andere Dimension eröffnet als das gesamte System dieser Welt, das mehr ist als die Summe aller Subsysteme.

2. Psychotherapie und Mystagogik
Es gilt hier nicht, die ganze Diskussion über Unterschiede, Konvergenzen, Kooperation zwischen Seelsorge und Psychotherapie wiederzugeben. Unübersehbar ist, dass Psychotherapie das Seelsorgefeld entscheidend bereichert und geholfen hat (und hilft), Theologie zu verleiblichen und konkret zu machen. Diese Anwendungsorientie-

rung verlangt von der Psychotherapie, dass sie wie die Medizin wirksame Deutungen, Diagnosen und Behandlungsmöglichkeiten vorzuzeigen hat. Der Therapeut muss Prozesse im Prinzip bis zu einem Abschluss bringen und dem Klienten ‚durch den Durchgang helfen'. Der seelsorgliche Hermeneut und Mystagoge jedoch steht für etwas ‚ganz Anderes': das Geheimnis der Lebensgeschichte und das Geheimnis der Existenz. Er kann bestenfalls die Klienten mit dem Geheimnis in Verbindung bringen, indem er die heilige Wirklichkeit darstellt und sie modellmäßig rituell begeht und damit Anführer auf dem Weg ins Geheimnis ist. *Er segnet* als Liturge die Realität, die Lebensgeschichte als Fragment; aber er kann (und muss und darf) das gefeierte Modell *nicht auf der psychischen Ebene einfordern.* Der Klient muss nicht da sein, wo das Modell ihn hinführt. Er *muss* ihm nicht in bewusster Ich-Leistung nachkommen oder die Phasen der Lebensgeschichte als Gottes-Geschichte erfahren (obwohl die Möglichkeit dazu selbstverständlich besteht). Der Segen, die Einführung ins Geheimnis, das Sakrament muss noch nicht in der persönlichen Biografie psychologisch bewusst angeeignet werden. Ganz besonders deutlich wird das, wenn Seelsorge ein kleines Kind tauft, wenn das Vergebungswort in der Beichte gesprochen wird, wenn ein Verwirrter das ‚Vater unser' betet, wenn ein Bewusstloser die Krankensalbung empfängt, wenn ein Verstorbener gesegnet wird. Der Seelsorger muss den aktuellen Durchgang durch das Mysterium nicht abwarten, der Patient steht im Geheimnis des ‚ganz Anderen'. *Seelsorge gibt nur ‚Ge-leit', erfüllen tut ein Anderer.* Der Seelsorger spricht zu, gibt das Zeichen, eröffnet den Resonanzraum, bietet das Symbol als ‚Geistträger' an, vollzieht den Ritus; aber Vertrauen schenken, versöhnen, heilen, Frieden geben – das tut ein anderer.

3.2 Die Seelsorge vor der Sinnfrage

3.2.1 Sinn, Spiritualität und Identität.

„Ich frage mich immer wieder: Warum, warum? Aber darauf können Sie mir ja auch keine Antwort geben", sagen Patienten oft zum Seelsorger. Meist entsteht dann eine schwer aushaltbare Stille, es sei denn der Seelsorger versteht das ‚Warum' mit dem ‚Denk-Sektor', reagiert auf dem ‚Appell-Ohr' und wehrt gleich ab: „Darauf gibt es keine Antwort." – „Man fragt sich, was das alles für einen Sinn hat", sinnieren Patienten. Früher war dies das Signal für den Seelsorger, jetzt ‚einzusteigen' und eine – meist fruchtlose – Argumentation über Gott und das Leid, über den Sinn des Lebens zu beginnen. Heute beginnt ein solches Gespräch oft mit Schweigen: „Was soll man auch dazu sagen?" bemerken manche Patienten.

1. Sinn und Identität legen sich gegenseitig aus.
In der Tat erwarten Patienten, wenn sie ‚die Sinnfrage‘ in ihrer konkreten Situation stellen und nicht bei einer Akademieveranstaltung, keine alles lösende Antwort. Es klingt in den Ohren der Betroffenen sowieso wie Zynismus, wenn die Umstehenden Versuche machen wie: „Gott will, dass Sie …", „Du sollst an etwas reifen", „Das hat mit deinem Frausein zu tun …", „Du hast dich noch nicht genügend mit diesem Organ auseinandergesetzt, sonst wäre der Krebs …", „Gott will Sie nicht bestrafen" (aber was will er dann?). Meist signalisieren Patienten, Sterbende und Trauernde dann von sich aus, auf welcher Ebene das Gespräch weitergeht: Dass sie nämlich ihr eigenes jetzt bedrohtes oder verletztes Dasein in ihrem bisherigen Sinngefüge zu entziffern suchen. „Wer bin ich (noch) angesichts dieser Krankheit? Wer bin ich bisher gewesen, was waren meine Kräfte, die mir in der Vergangenheit geholfen haben? Wer bin ich (noch oder dann) für die anderen, kann ich mich so sehen lassen? Wer werde ich in dieser Welt sein, in der ich bisher einen identifizierbaren Platz hatte?"
Die Frage nach dem Sinn ist zunächst an die Frage nach der eigenen Identität gekoppelt. Wenn mein Leben doch bisher in einem gewissen Sinnzusammenhang stand, wieso reißt dieses Netz auf einmal ein? Solange ich mich in einem Sinngefüge identifizieren kann, weiß ich ‚wer ich bin‘ und zugleich, dass ich von einem sinnvollen Zusammenhang getragen bin. Was hier mit ‚Sinngefüge‘ bezeichnet ist, das ist zunächst eine Kategorie der ‚kleinen Transzendenz‘, es geht da nicht gleich um die ‚große Transzendenz‘. Es geht vielmehr in erster Linie um die Inhalte, über die ich mich als Mensch in dieser Zeit und an diesem Ort identifiziere: Diese bilden *zusammen* einen Sinnzusammenhang.
Der Mensch hat (und braucht), um seine Identität erfahren und ausbilden zu können, konkrete Erfahrungs- und Gestaltungsorte: Das ist in allererster Linie sein *eigener Leib*, der untrennbar von Anfang seines Lebens an zu seiner Selbsterfahrung gehört (und der bei Krankheit plötzlich so unmittelbar in die Aufmerksamkeit gerät). Dann gehören dazu der Beruf, Wohn- und Zeiträume, Besitz und Heimat, Gegenstände, Werte und Ideen und vor allem die soziale Umgebung derer, die ich kenne und die ich liebe und die mich ken-

nen und lieben. Alle diese Momente bilden zusammen das Netz, in dem der Mensch sinnvoll handeln, sinnvoll denken und sein Leben entwerfen und sich als sinnvoll da-seiend fühlen kann: Durch diese Momente ,ist er wer', und zugleich trägt er durch sein Dazugehören bei, dass dieser Sinnzusammenhang erhalten bleibt oder sich sinnvoll verändert.

Identität ist dann die Bündelung aller Identitätsmomente zu einem ,Ich' mit dem daraus folgenden Selbstverständnis.

Wenn oben erwähnte Patientin von ihrer ,Arbeit in ihrem Garten' spricht, dann macht sie eine Aussage darüber, was ihr Leben wertvoll macht, wo sie sich zu Hause fühlt und wer sie (über ihr Patientsein hinaus) auch noch ist und was ihr (neben anderem) Sinn gegeben hat.

Dieser alltäglichen Sinnmomente wird die Patientin vielleicht erst jetzt so richtig bewusst, wo sie in Frage stehen und wo eines dieser Momente durch die Krankheit bedroht ist: ,der Garten' als Ort von Leiberfahrung, Arbeit, Hobby, Gestaltung, Wohlfühlen. Mit den Identitätsmomenten sind auch Sinnmomente betroffen und vielleicht bedroht: Wer bin ich noch – wer werde ich sein – wenn ich bisher der oder die gewesen bin? In den Sinnmomenten bilden sich auch alle Selbstentwürfe ab, über die ein Mensch seine Identität entwirft: „Ja, der bin ich; ja, so ist es gut (nicht gut) mit mir; ja so möchte ich sein (nicht sein) …" –. Was tut es Patienten in der fremden Welt von Krankenhaus und Krankheit so gut, wenn sie sagen dürfen, wer sie sind und wenn sie sich über Freunde und Vertraute ihrer Identität vergewissern können. Ich möchte diesen alltäglichen Zusammenhang als *,Sinn im Vordergrund'* (in Anlehnung an H. Andriesen 1992, 58ff) bezeichnen und dementsprechend von der *,ersten Identität'* reden als dem System aller Identifikationen und aller Selbstentwürfe. ,Sinn' ist also in der pastoralen Praxis keine abstrakte und nicht per se eine jenseitige Kategorie, er vermittelt sich über das erlebende Ich. Deshalb kann die Frage in der Begegnungspraxis *nicht* heißen: Was ist zuerst – der Sinn oder das Ich? Beide stehen in einem hermeneutischen Zirkel. Seelsorge setzt in der Regel bei der Identitätsfrage an: Wer bist du, was hat dich bisher ausgemacht? (Vergangenheit), wer bist du jetzt – was macht dich jetzt zu diesem Menschen? (Gegenwart) – was hast du vor? (Zukunft) und begleitet Menschen über die Momente der ,ersten Identität' bei ihrer Sinnsuche. Und – es sei nochmals ausdrücklich hervorgehoben: Dabei spielen die *Fragen und Themen des Alltags,* die Leiberfahrungen und die nächstliegenden und erstbesten Dinge und Erlebnisse der konkreten

Lebensgestaltung gerade im Krankenhaus eine wichtige Rolle. Seelsorge-Praktikanten sind oft enttäuscht über den ‚mangelnden Tiefgang‘ von Gesprächen im Krankenhaus.

2. Sinn im Vordergrund – Sinn im Hintergrund

In dieser Enttäuschung steckt natürlich die für den vollen Anspruch von Seelsorge entscheidende Frage: Wo bleibt der ‚Sinn im Hintergrund‘ – oder lebt der Mensch nur von alltäglichen kleinen Sinn-Happen?

Auch wenn die Sinnfrage in der täglichen Begegnungspraxis im Vordergrund anders gestellt wird, so bildet sich doch auf diesem ‚Vordergrund‘ ein ‚Hintergrund‘ ab: Viele Menschen der heutigen Zeit gehen meist ungewußt von der Annahme aus, dass sich ein um- fassender Sinn ja bereits im Vordergrund-Sinn (d.h. nicht: ‚vordergründigen Sinn‘!) ereigne. Eine frühere religiöse und kirchliche Umwelt gab den meisten Menschen ein Hintergrund-Weltbild, eine Verbindung mit übernatürlichen Mächten vor, um das sie sich keine weiteren Gedanken zu machen brauchten. Viele Menschen der heutigen Zeit haben dieses Weltbild so nicht mehr zur Verfügung; damit fehlt ihnen eine früher vorhandene Deute-Kategorie, oder diese ist schwerer zugänglich geworden.

Wenn die Sinn-Kontinuität im Vordergrund durch Lebensereignisse – nicht nur, aber auch durch Krankheit und Lebenskrisen – unterbrochen wird, dann kann die Frage nach dem Hintergrund deutlicher ins Bewusstsein treten. Sicher gehen viele Menschen von einem mehr oder weniger reflexen Bild aus, das sie von ihrem Leben und von der Welt haben, das ihnen im normalen Leben genügend Hintergrund bildet.

- „Ah, Sie lesen etwas über Geschichte …“ bemerkt der Seelsorger zum Patienten mit Blick auf das Buch in seiner Hand. „Ja, das ist mein Hobby“, antwortet der Patient.“ Ich bin Techniker, aber hier erfahre ich etwas über Zusammenhänge. Es ist wichtig, dass man sich über Zusammenhänge Gedanken macht, auch über die im Ganzen.“

Ich möchte dies der Deute-Kategorie *religiös-weltanschaulich* zuordnen. Bei einer Krankheit oder einem Verlust sprechen viele Menschen vom ‚Schicksal‘ oder vom ‚Leben‘ oder vom ‚kosmischen Zusammenhang‘ oder einer ‚Seele in allem‘ oder von einem ‚Geist‘ oder einer ‚höheren Macht‘ und meinen damit durchaus eine *transzendente Dimension*. Ausdrücklich oder unausdrücklich entwerfen Menschen ihre Identität von einem Sinn-Ganzen her, in dessen Horizont

„es bisher doch ganz gut ging" oder von dem her sie sich auf einmal die Frage stellen: „Warum?" „Warum ich?" „Warum jetzt auf einmal?"

Wenn die bisherige Sinnkontinuität unterbrochen oder erschüttert wird, geht es nicht mehr nur um die ‚erste Identität', sondern schon bald um die ‚tiefste Identität': „Was hat meine Existenz in der Welt überhaupt für einen Sinn, wenn alle meine bisherigen Selbstentwürfe und alle Ideen für die Zukunft auf einmal nichts mehr wert zu sein scheinen?"

In den weiteren Modellvorstellungen dieses Kapitels muss eine wichtige *Unterscheidung* vorgenommen werden:

1. *Bei der ‚ersten' und ‚tiefsten' Identität geht es um den Raum der Selbstentwürfe und der Selbstverwirklichung des Subjekts:*

– Die *erste Identität* wird gebildet von den Selbstentwürfen, Gestaltungs- und Beziehungsmöglichkeiten im *Vordergrund des Lebens*.

– Die *tiefste Identität* jedoch ist immer eine *Kategorie des Hintergrundes*, eine Kategorie des ‚Letzten'. Hier geht es um das ‚innerste Selbst', das ‚Geheimnis der Person', das sich nicht einfach an den Dingen und Beziehungen des Lebens festmachen und nicht einfach durch Selbstentwürfe und Selbstverwirklichung herstellen lässt. Das innerste Selbst, die letzte Identität gehört in die Kategorie des Unverfügbaren, das auch noch seinen Sinn hat, wenn Wechselfälle des Lebens alles erschüttern und am Ende der Tod alles bedroht.

2. *Beim ‚Sinn im Vordergrund' und ‚Sinn im Hintergrund, tut sich ebenfalls ein ganzer Raum auf:*

– *Sinn im Vordergrund* meint die dem Leben Gestalt gebende Summe von Sinn-Momenten („So macht das Sinn!"; „Ich kann verstehen/nicht verstehen, warum …"). Sinn im Vordergrund ereignet sich als Rückmeldung der Wirklichkeit auf die Sinnentwürfe des Subjekts: Die Wirklichkeit des Lebens und der Welt erweist sich als voll, weniger oder gar nicht verlässlich; sie wird als sinnvoll oder unsinnig erlebt, das augenblickliche Leben entsprechend als sinnerfüllt oder sinnlos. Sinn kann man seinem Leben nicht einfach durch einen Definitionsakt geben oder durch einen Willensakt erzwingen: *Sinnentwürfe* sind das *eine*, eine sich ereignende *Sinnantwort* ist das *andere*: Wie sie ausfällt, lässt sich nicht manipulieren.

– *Sinn im Hintergrund* meint einen letzten, alle Wirklichkeit übersteigenden und zugleich umgreifenden Zusammenhang, der selbst immer im Hintergrund bleibt und sich nie im Vordergrund erschöpft. Sinn im Hintergrund ist das Woher, das den Zusammenhängen im Vordergrund seine Bedeutung gibt, das *überhaupt eine Resonanz zwischen Selbstentwürfen und Wirklichkeit möglich macht.* Er ermöglicht überhaupt ein Ganzes aller Erfahrungen, in dem die Identifikationen eingebettet sind. Von ihm her *bekommen die Identifikationen ihren Sinn.* Als Ermöglichendes bleibt er immer nur das ,Licht', die ,Sonne', die das Leben im Vordergrund möglich und sinnvoll macht. Er ist *das Sinnvolle im Sinn*, dem der Mensch sich auch noch anvertrauen kann, wenn ihm die Sinne schwinden oder alle Maßnahmen (z.B. medizinische, lebenserhaltende) sinnlos geworden sind.

Der letzte Sinn schaltet den ersten Sinn nicht aus oder entwertet ihn, aber er umgreift und übersteigt ihn („Die Gnade setzt die Natur voraus").

3. Alltagsspiritualität – Glaubensspiritualität

Hier ist auch der Ort für den Begriff Spiritualität. Während Sinn sich nicht herstellen oder anwenden, sondern nur erfahren und verstehen lässt – und der Mensch letztlich nur reagierend sich darauf einstellen kann, ist *Spiritualität die Beziehungsgestaltung zu diesem Sinn.* Spiritualität ist also die Art, wie ein Mensch in seiner Lebenswirklichkeit Sinn sucht, wie er ihn darin wahrnimmt und wie er damit umgeht. Es geht darum, wie das Subjekt sich im Sinnraum verhält, welche Bedeutung die Sinnkategorie für ihn hat und wie er sein Leben mit ihr gestaltet. Es gilt, Patienten und Betroffenen zuzuhören, wie sie selbst Sinn oder Unsinn erleben, wo das bisherige und jetzige Leben sich als sinnvoll erweist oder nicht; welche Quellen ihnen bisher zur Verfügung standen, welche in ihnen verschlossen oder von welchen sie abgeschnitten sind und welche auf- oder angeschlossen werden wollen. Und es gilt herauszufinden, welche Sinn-Ziele Menschen vor sich haben und auf welches Sinngefüge sie ihre Hoffnung setzen.

Auch bei dem Begriff Spiritualität möchte ich unterscheiden:

- Es gibt eine *Alltagsspiritualität* – Menschen bleiben oft im Vordergrund (d.h. nicht: ,vordergründig'), so lange das Leben geordnet verläuft. Sie können dabei durchaus für einen übergreifenden Hintergrund offen sein. Was sie inspiriert, wird weniger reflektiert, es ist in der Art der Lebensgestaltung enthalten oder verborgen.
- Und es gibt eine *Glaubensspiritualität*, die die Alltagsspiritualität

mit der ‚heiligen Wirklichkeit‘ verbindet und *die zu einer Geschichte mit der ‚heiligen Wirklichkeit‘ führt*. Ob sich diese letzte Wirklichkeit als mehr oder weniger vertrauenswürdig erweist, ist nicht das erste Kriterium dieser Spiritualität. Entscheidend ist die Beziehungsgeschichte, die sich für das Auf und Ab der Lebenserfahrung ergibt und diese prägt. Glaubende sind bereit, sich an die unendliche, transzendente Quelle anzuschließen und sie zur Quelle in ihrem eigenen Leben werden zu lassen. Der volle Inhalt und der Reichtum dieser Quelle erschließt sich erst im Laufe des Lebens, das macht die mehr oder weniger spannende Geschichte mit dem ‚letzten Geheimnis‘ aus.

Spiritualität vermittelt sich über ein inneres Wissen, das sich in der persönlichen Lebens- und Glaubenspraxis angesammelt hat. Zwar gibt es auch im religiösen Bereich ein äußeres Wissen, das von der Glaubensgemeinschaft gestützt wird und mit dem Lebenswissen und der Glaubensgeschichte der Gemeinschaft in Verbindung steht. Insofern ist Spiritualität mehr als ins persönliche Leben übersetzte Welt- und Gottesanschauung: Es gibt *übergreifende* Spiritualitätsgestalten. Aber in der Situation am Krankenbett geht es zunächst um ein Hören auf das innere Wissen des Patienten selbst, denn dieses ist im Kontext seiner Identitätsbildung entstanden und mit seiner Lebensgestalt verwoben. In Krisen von Krankheit, Verlust und Sterben gilt es daran anzuknüpfen – im Beispiel also: Zuerst ist ‚der Garten‘ der Patientin und dann erst ‚das Paradies‘ der Bibel. Erst in einem zweiten Schritt kann die persönliche Spiritualität symbolisierend und rituell gestützt und erweitert oder gar geistlich konfrontiert werden.

Aus diesen Überlegungen ergibt sich eine wichtige Folgerung für den Umgang mit ‚Spiritualität‘ im Krankenhaus. Während das weithin somatisch ausgerichtete Medizin-Paradigma vom Funktionieren ausgeht und damit das Identitätsverständnis des Kranken und dessen Sinnerfahrung prägt, bringt Seelsorge von ihrem Identitäts- und Sinnverständnis her eine andere Spiritualität mit. Sinn kann auch in der *Annahme einer Krankheit* entstehen, nicht einfach im Weg-Machen. Identität kann sich wandeln und bilden, wenn der Mensch Störungen und Krankheit anschauen und annehmen kann. Aus angenommenen Störungen kann ein Neuentwurf der Identität entstehen und kann sich der Sinn des Lebens tiefer erschließen. Aus solcher Sinngeschichte mit Krankheit und Sterben kann gestaltete und vom Subjekt verantwortete Lebensgeschichte werden, die über reine Ohnmacht („Das muss man halt hinnehmen“) und reine Allmacht

(„Das muss sofort weggemacht werden") hinausgehen. Solche Spiritualität entwertet die Spiritualität der somatischen Medizin nicht, sondern gibt ihr einen tieferen Zusammenhang und einen Verweis über diese hinaus.

4. Der Wechsel in die andere Dimension
Im folgenden Modell kann deutlich werden, wie transzendente Wirklichkeit zur persönlichen, identitätsbildenden werden kann: Die Dinge und Ereignisse, die in das Leben des Menschen treten, begegnen im ‚Vordergrund' als Realität, und sie haben eine ‚Rückseite', die ihre tiefste Bedeutung von der ‚heiligen Wirklichkeit' im Hintergrund empfängt. (siehe Abb. 10)

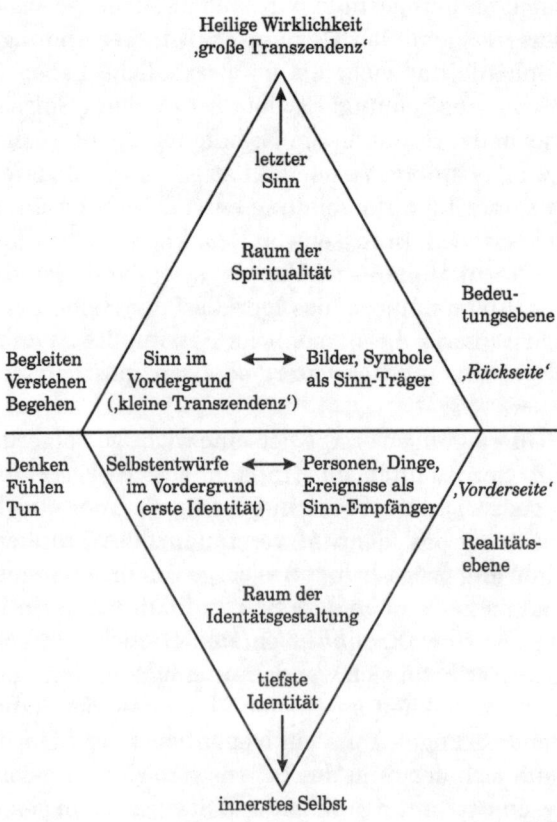

Abb. 10: ‚Sinn' und ‚Identität' sind aneinander gekoppelt

- Alle Dinge können zum Symbol für das Geheimnis werden. So kann z.B. auch ‚die Medizin‘ zum Symbol werden: Sie hilft mit ihrer Technik dem Menschen von seiner leiblichen Verfasstheit her, sein Leben wieder genießen und gestalten zu können. Auch wissenschaftliche und handwerkliche Medizin spiegeln etwas vom heiligen Hintergrund der Schöpfung, sie können eine spirituelle Dimension enthalten. – Oder wenn die Patientin von ihrem ‚Garten‘ spricht, dann steht sie jetzt möglicherweise nicht nur in einer Beziehung zu den *Dingen* darin, sondern auch zu dem *Hintergrund*: Der Hintergrund mag ihr ein geordneter und regelmäßiger ‚Kosmos‘ sein, in dem sie ihr Leben als gut und getragen erfährt. Dieser Hintergrund kann als Symbol auch hier im Krankenhaus bei ihr sein und sie trösten oder als Vermisstes schmerzen – oder beides zugleich. Im Vordergrund ist der ‚Garten‘ aber auch Identitätssymbol: Er ist Ort für Arbeit und Hobby, für Aktivität und Ausruhen, für Eigentum und Heimat und für die Begegnung mit Menschen und Dingen. In Krankheit und Trauer sind diese Identitätsstützen oft in Frage gestellt. Sie können auch in innerer Repräsentation – wenigstens zeitweise – in Symbolen da sein und Trost geben (z.B. als Erzählung vom Urlaub, von Lebensgeschichte, in Form von Fotos und Erinnerungsstücken). Diese ‚Dinge‘ haben also eine spirituelle ‚Rückseite‘ und bekommen ihre tiefere Bedeutung von der ‚heiligen Wirklichkeit‘. Sie erweitern dann den Raum, in dem sich das Subjekt selbst entwirft, und geben diesem Selbstentwurf spirituelle Weite und Verankerung: Der Mensch kann in ihnen Gottes Zuwendung und Liebe sehen. – So ist ja auch in dem Bild, das P.L. Berger (1970, 82) vorstellt, im Vordergrund die Identitätswelt des kleinen Kindes gestört: Das Kind erwacht nachts und schreit nach der Mutter. Diese nimmt es in den Arm und tröstet es: „Alles ist wieder gut, es ist alles in Ordnung.“ Im Vertrauen auf diese Zusage kann das Kind wieder einschlafen. Die Mutter stellt sein Leben in den heiligen Hintergrund, indem sie sagt: „Alles ist wieder gut“, obwohl es im Vordergrund der Welt wahrlich genug Ansatz zu Sorge und Beunruhigung gibt. Für dieses ‚Letzte‘, dieses ‚Alles‘ gibt es im Vordergrund nur Repräsentationen, nur Symbole; und es gilt umgekehrt: Symbole, Liturgie sind kein ‚Ersatz‘, sondern *Ausdruck der Rückbindung* (die ‚Mutter‘ in Bergers Beispiel ist kein ‚Ersatz‘, sondern spürbare symbolische Sicherheit). – *Ohne* den heiligen Hintergrund bleibt der Mensch *unter* seinen Möglichkeiten, *mit* ihm kann er sein höheres Selbst entwerfen. Vom höheren Selbst her bekommt dann ihrerseits wieder die Realität des

Lebens und der Welt einen anderen und tieferen Bedeutungsumfang. Dieselbe Realität kann Stoff zu einem Neuentwurf der eigenen Wirklichkeit werden. – Spiritualität hilft, das Leben tiefer zu verstehen und es von daher neu zu gestalten.

Im Modell gesprochen schließen die Funktionen ‚Denken – Fühlen – Tun' den Vordergrund als Raum der Erfahrungen und der Selbstentwürfe auf, während der Drei-Pass mit ‚Begleiten – Verstehen – Begehen' das Methodenrepertoire gibt, um den Hintergrund aufzuschließen und darzustellen. Freilich: Methoden erfassen nicht die heilige Wirklichkeit, auf diese kann sich der Mensch nur glaubend beziehen und sich ihr mit der Unverfügbarkeit seines Lebens anvertrauen.

In der Modellvorstellung wird etwas Entscheidendes deutlich: Die Kategorien Sinn – Identität – Spiritualität müssen die Ebene des Leitbildes vom Drei-Pass verlassen. ‚Denken – Fühlen – Tun' und ‚Begleiten – Symbolisieren – Segnen' gehören einer anderen Dimension an als das Sinn- und Identitätsthema. Darin spiegelt sich auch der tiefere Grund dafür, dass
– die Helfer bei der ‚Warum'- und der Sinn-Frage oft zunächst verstummen,
– Psychotherapeuten Klienten in der Religiosität *begleiten* können, aber nicht im spirituellen Gehalt dieser Religion,
– es nicht genügt, religiöse Formeln zu dozieren, ohne auf die Inhalte einzugehen,
– Religion nur symbolisch *darstellbar*, aber nicht methodisch *vermittelbar* ist.

Die Lernfunktionen und die Erschließungsmedien der Seelsorge gehören auf die *Methoden-Ebene,* Sinn- und Identität sind dagegen *existenzielle Kategorien.* Letztere gehören in die ‚dritte Dimension', in die *Vertikale,* nur so kann die Beziehung zum Geheimnis dargestellt werden. (siehe Abb. 11)

3.3. Seelsorge, Religion und Glaube

Ersichtlich sind die Überlegungen dieses Buches unterlegt mit und durchzogen von einer bestimmten Verhältnisbestimmung von christlichem Glauben und religiöser Deutung. Angesichts der gegenwärtigen neo- und interreligiösen Debatten sowie einer gewissen Konjunktur des Religiösen gerade im therapeutischen Bereich ist es notwendig, wenigstens kurz Rechenschaft abzugeben über die Positionen und Perspektiven, die dieses Buch von Anfang an (mit-)bestimmen.

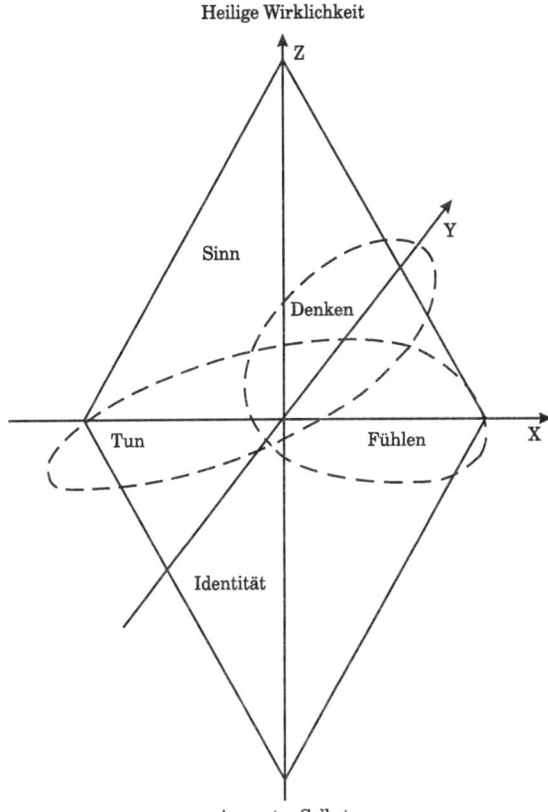

Abb. 11: *Sinn und Identität liegen auf einer anderen Ebene.*

3.3.1. Der Anschluss an den ‚ganz Anderen'.

Von Religion möchte ich überall dort sprechen, wo ein Anschluss einer Person (und deren Lebenssystem) an eine ‚große Transzendenz' gesucht bzw. zur ‚Verfügung' gestellt wird, d.h. wo ein Weg von ‚hier' nach ‚dort', vom ‚Jetzt' nach dem endgültigen ‚Dann' angeboten wird. Vieles spricht dafür, dass Religion in diesem Sinn ein anthropologisches Existenzial und Religiosität eine menschliche Grundbegabung ist. P.M. Zulehner (1991, 87 ff) unterscheidet zwischen

– einer *funktionalen* Religiosität, die ihre Bedeutung in der (psychischen) Bewältigung des Lebenslaufs hat, die also wie ein Schutzschild alles abwehren soll, was das Leben bedroht und ein Symbol-System gegen die Sinnlosigkeit des Lebens ist, und

– einer *gottzentrierten* Religiosität, deren Bedeutung es ist, dass ein

Anderer, sogar ein ganz Anderer das Leben leitet, eine göttliche Person, die von sich aus dem Menschen und allem Leben zugetan ist.

Gerade im Umfeld von Seelsorge an Kranken und Sterbenden muss betont werden, dass die lebensbezogenen Aspekte dieser Religiosität nicht gering geschätzt werden dürfen; ist doch das nahe liegendste Thema bei Grenzerfahrungen des Lebens in heutiger Zeit (das mag in früheren Jahrhunderten anders gewesen sein) die Lebensstabilisierung und die lebensschützende Kraft der Religion. Auf diesem funktionalen Aspekt baut dann (psychologisch gesehen) der gottzentrierte Aspekt auf und bekommt seine Anschaulichkeit und praktische Bezogenheit.

Neuere deutsche Untersuchungen (vgl. Pompey 1998, 192, dort auch Literatur von anderen Untersuchungen) zeigen denn auch in der Tat, dass bei Krankheit und Krisenerfahrung Religion als heilend erfahren wird (funktionaler Aspekt), dass zugleich aber nicht die *religiöse Haltung* es ist, die (sozusagen suggestiv) heilend wirkt, sondern dass im Wesentlichen diese heilende Wirkung *dem Inhalt des Glaubens* zugesprochen wird: *Gott*. Nicht die Gewissheit also hilft, sondern dieser personale Gott, zu dem Menschen Beziehung aufnehmen. (Solche Untersuchungen sind natürlich kein Beweis für die Existenz Gottes, sondern nur ein Erweis der Wirksamkeit von Religion).

Jede Religion hat eine bestimmte Gestalt bzw. ist ein Symbol-System, dessen Symbole und Begriffe sich gegenseitig auslegen und ermöglichen. Zugleich aber muss sich die Qualität einer Religion nicht nur daran beweisen, dass sie heilend wirkt („Wer heilt, hat Recht"), sondern dass sie Wirklichkeit in einem umfassenden Sinn und nicht nur im Hinblick auf kurzfristige Lebensinteressen zu deuten vermag.

So ist es gerade im Umkreis von Krankheit, Sterben und Tod entscheidend wichtig, wie der Zusammenhang von Endlichkeit und Unendlichkeit, von fragmenthaftem Leben und Vollendung, vom Wert des eingeschränkten, behinderten Lebens und der Liebeszuwendung Gottes, von Leben und der unweigerlichen Nacht des Todes, von Schöpfung und Erlösung gedeutet wird. Jede Religion der Menschen (Zulehner 1987, 254ff) trägt die Gefahr von falschen Verabsolutierungen und Entfremdungen in sich. Erst das der Religion *zugrunde liegende Gottesbild* gibt Aufschluss darüber, ob Menschen sich religiös selbst bestätigen, überhöhen und damit nur beruhigen wollen oder sich von diesem Gott auch leiten und sogar herausfordern lassen. Angesichts von Leiden und Tod ist der Mensch immer auch über seine Grenzen hinaus angefordert und angerufen (ob er das wahrhaben will oder nicht): als Patient und Sterbender oder als Angehöriger, Begleiter und Helfer – und sogar als Zeitgenosse und Glied einer mitbetroffenen Öffentlichkeit.

3.3.2. Anschluss an den Gott Jesu Christi

Dieses Buch hat sich zunächst der seelsorglichen *Anschlussfähigkeit* zwischen menschlicher, zeitgenössischer Erfahrung und der religiösspirituellen Sinndeutung von menschlicher Grenzerfahrung verpflichtet. Aber auch rein seelsorgliche (,begleitende‘) Bemühung muss sich der Kritik und der Erhellung durch den ,deus semper maior‘, den heiligen Gott stellen, wie er in der jüdisch-christlichen Tradition überliefert ist. – Hier sollen nur auswahlhaft wichtige Grundzüge dieser Überlieferung dargestellt werden, an denen sich die Option für den Gott Jesu Christi im Hinblick auf die seelsorgliche Identität verdeutlichen lässt.

1. Das inhaltlich Besondere des christlichen Glaubens gründet in der Deutung der Welt als Schöpfung – jedes Menschen und aller Kreatur als Gottesgeschöpf, als Ebenbild und Gleichnis. Welt und Mensch sind kein Betriebsunfall, kein Schicksalsschlag, sondern Ausdruck des Liebeswillens Gottes: Das unendliche Geheimnis *will das Andere seiner selbst* (nämlich die Welt und die Geschöpfe), *nicht weil diese es braucht, sondern weil es die Lust am Anderen hat* und diese Lust Liebe ist. Der Gedanke der Welt als Schöpfung aus Nichts, aus Gott allein und seiner Freiheit und Liebe, bei der er der liebende Gegenüber dieser Welt bleibt, ist ein durch und durch biblischer Gedanke. Zusammen mit dem Bekenntnis zur Nichtigkeit der Realität ist es also das Bekenntnis zur Wichtigkeit der Weltwirklichkeit, und beides zusammen macht den christlichen Glauben aus: stark in der Desillusionierung gegenüber allen Gotteskomplexen und stark im Widerspruch gegen alle dualistischen oder depressiven Weltdeutungen.

2. In dieser Sicht von Schöpfung ist schon angedeutet, dass dieser Gott die Welt nicht nur ins Sein ,gestoßen‘ hat, sondern dass er als der ganz Andere nicht der Ferne, sondern der ganz Zugewandte ist: Er ist ein Gott der Beziehung, der nicht nur die Beziehung der Geschöpfe untereinander ermöglicht, sondern der selbst die Kraft dieser Beziehung ist. Er ist ,*das Liebe*‘ in der Liebe, der Geist von Bezie-

hung, der erst aus Kontakt und Berührung macht, dass einen Menschen das ‚berührt' und er sich innerlich ergriffen und gemeint weiß. Durch diesen Geist ist der Mensch keine Maschine aus Teilen und kein Körper aus Organen, sondern er erfährt sich als Organismus in Beziehung zu sich selbst und befähigt zum Person-Sein und zur Sinnerfahrung.

3. In dieser Religion hat das unendliche Geheimnis sich aber auch radikal der geschöpflichen Wirklichkeit unterworfen: In der Menschwerdung Jesu Christi hat der Gott der christlichen Religion die menschliche Grundsituation mit all ihrer Ambivalenz und Gebrochenheit angenommen. Er hat sich selbst dem Freiheitsrisiko der Liebe ausgesetzt und so dem Menschsein nicht nur eine Idee, sondern ganz konkrete Be-deutung gegeben. Das erweist sich vor allem in der Lebensart Jesu Christi, in der Weise, wie Gott seine Allmacht als Ohnmacht, seine Herrlichkeit als Niedrigkeit ausgelegt hat; ein Gott, der so groß ist, dass er sich ganz klein machen kann – und auch das Letzte und Niedrigste noch lieben kann, auch das scheinbar Unannehmbare an der leidvollen Endlichkeit des Daseins. In der Leidens- und Liebesgeschichte dieses Menschensohnes kommt der unendliche Gott selbst in die Niedrigkeits- und Allmachtsfantasien des Menschen, mit denen dieser ständig aus seiner Existenz auszubrechen versucht, und erlöst sie.

4. Damit ist das vierte Charakteristikum genannt: Der Gott Jesu Christi hat seine Beziehungsmacht auch am Kreuz, auch im Durchgang durch die Nacht und Beziehungslosigkeit des Todes erwiesen. Der Menschensohn hat als Konsequenz seiner Gottesbeziehung seinerseits die Erfahrung des Scheiterns und der Verlassenheit des Todes riskiert. Mit dieser äußersten Hingabe hat Jesus den Menschen ein Modell gegeben für jede Lebenswende – auch die letzte –, der alles Leben unterworfen ist. Mit diesem Durchgangsmodell ist er uns vorausgegangen und hat Gott als Geheimnis nicht nur im Leben, sondern auch in Sterben und Tod erwiesen.

Der Gott Jesu Christi geht über alle Selbstentwürfe des Menschen hinaus, er eröffnet Hoffnung über die Endlichkeit und das Scheitern hinaus. Somit ist *christliche Hoffnung keine kurzfristige Beruhigung, sondern von der Ewigkeit Gottes her ausgespannte Kraft*, die auch in Krisenerfahrungen trägt und alle Kontingenzerfahrung überspannt und zum Vertrauen in diese Kraft herausfordert.

3.3.3 Was also ist christliche Seelsorge?

Erst auf dem Hintergrund dieses Gottesbildes erhält christliche Seelsorge ihr Spezifikum, und daran muss sie ihren Qualitätsanspruch messen lassen.

1. Alles *Begleiten* muss sich dem Anspruch stellen, dass es *im Namen des Heiligen* geschieht. Auch der Seelsorger muss erkennen, dass Menschen „füreinander zu klein" (Andriessen 1982, 25) sind, um in einem umfassenden Sinn Sorge zu tragen für den anderen. Sie muss sich selbst auf den ‚großen Hirten' beziehen, der alles Sorgen umfasst und übersteigt – auch das des Seelsorgers. Nur so kann der Seelsorger Hirte sein: **Er ist der, der nicht im eigenen Namen, sondern** *vom heiligen Gott her Sorge trägt* und Beziehung aufnimmt zu den Sorgenvollen. Der Anspruch Jesu Christi umfasst nicht nur die Liebe „wie du mir, so ich dir". Als der Hirte, der „sein Leben gibt für die Schafe", gibt er unserer begrenzten Liebesfähigkeit einen unendlichen Grund und Horizont. Unsere Beziehungsfähigkeit hängt nicht in der Luft: Sie gründet sich im Beziehungsreichtum Gottes; und sie ist so radikal wie Gottes Liebe: Sie reicht bis zur Feindesliebe, also zum Aushalten des zunächst Unerträglichen. Erst dann ist Versöhnung möglich auch mit dem Abgespaltenen und Entfremdeten im Menschen und in der Welt.

‚Liebe' im theologischen Sinn ist der vergegenwärtigte – in die konkrete Gegenwart geholte – Beziehungsreichtum Gottes.

2. Alle *Lebensdeutung* muss sich auf die ‚heilige Wirklichkeit' beziehen: Christliche Seelsorge ist mehr als nur Hilfe bei der Selbstauslegung des Menschen. Auf dieser anthropologischen Basis muss sie sich natürlich immer erden lassen; sie muss diese radikal ernst nehmen und darf sie nicht überspringen. Aber ihren Horizont hat christliche Lebensweisheit in der heiligen Wirklichkeit, die sich dem Menschen zusagt (die der Mensch sich nicht selbst zusagen kann). Diese Lebensdeutung gründet im Evangelium, der ‚Guten Botschaft'. Im wohlverstandenen Sinn werden ‚Weise' und ‚Hermeneuten' zu ‚Propheten', die *vom Heiligen künden* und es verkünden. – Der Archetyp des ‚Propheten' enthält mehr, als nur das Widerständige der Gottesbotschaft zu sagen (wie z.B. M. Klessmann (1997) den Propheten – zu kurz greifend – bestimmt): Er ist in erster Linie *Künder des Heiligen*.

‚Glaube' als pastoraltheologischer Vollzug ist dann die Einstimmung in das von Gott – in der Vergangenheit – Zugesagte und erzählend

Weitergegebene und letztlich das Sich-Einlassen auf diese Geschichten mit Gott.

3. Alles *rituelle Handeln* der christlich verstandenen Seelsorge gründet ihre Mystagogik auf Jesus Christus, der mit Leib und Leben das Geheimnis Gottes bezeugt hat. Nicht ein Ritus für sich genommen begründet schon Hoffnung; es gibt ja auch viele rituelle Handlungen, die zwanghaft die Ordnung des Lebens wieder herstellen sollen. Beim christlichen Ritus geht es um die ‚Sache eines ganz Anderen'. Diese Sache Gottes hat Jesus Christus für die Welt ausgelegt. Mit seinem eigenen Leib und Leben hat er auch das Geheimnis von Leiden und Tod ‚begehbar' gemacht. So hat er die Wendepunkte des Lebens in den Horizont Gottes gestellt und ihnen so Bedeutung und Sinn gegeben. Die christliche Kirche verkörpert dieses ‚Begehen' in ihren Sakramenten: Ein ‚Sakrament' ist ein Ritus, bei dem Gott zuletzt der Handelnde ist und er in dieser Lebenssituation in Beziehung zum Menschen tritt. Auch wenn der Mensch von sich aus zu klein, zu schwach, zu erschüttert, zu ängstlich, zu zögerlich ist, geht Gott mit seinem Handeln voraus. So ist das Sakrament die Form, die die innerste Sehnsucht des religiösen Ritus erst ‚erfüllt': *Gott bringt das Leben in Ordnung* und den Menschen auf die Seite der Hoffnung.

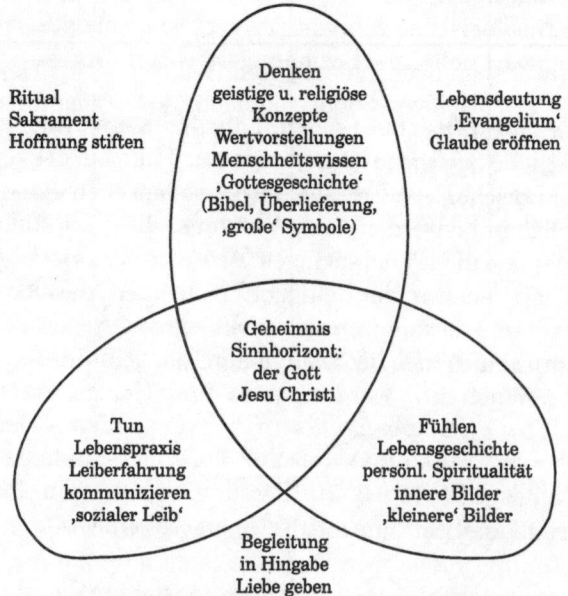

Abb. 12: Der Drei-Pass der christlichen Pastoral

‚Hoffnung' in diesem Sinn ist: Sich ausgespannt wissen auf die – künftige, eschatologische – von Gott gewirkte Vollendung und ewige Beheimatung.

Der Drei-Pass einer *Pastoral unter christlichem Anspruch* stellt sich also, wie in Abb. 12 zu sehen folgendermaßen dar.

Die Zwischenräume im Drei-Pass müssen also für eine christlich fundierte Seelsorge, für eine christliche Pastoral (im Anschluss an Tabelle 1 auf S. 46), weiter entfaltet werden:

	erster Zwischenraum	**zweiter Zwischenraum**	**dritter Zwischenraum**
Grundmuster	Begleiten	Symbolisieren	Begehen
pastorales Medium	liebende Zuwendung	Lebensdeutung aus dem ‚Evengelium'	Sakrament
pastoraltheol. Vollzug	Diakonia	Martyria	Leiturgia
Repräsentation des Heiligen	im Namen des Heiligen Sorge tragen *HirtIn*	vom Heiligen künden *ProphetIn*	ins Heilige einführen ‚*Priester*'
pastoraltheol. Intention	Liebe **geben**	Glauben **eröffnen**	Hoffnung **stiften**

Tab. 2: Pastoral unter christlichem Anspruch

3.3.4 Kann man Menschen Hoffnung machen?

Im Zusammenhang mit ‚christlich fundierter Seelsorge' wurde der Begriff ‚Hoffnung' eingeführt. Was aber heißt das konkret am Kranken- oder gar am Sterbebett? – Ärzte sagen oft: „Man muss den Patienten noch eine Hoffnung geben". In der Regel gehen sie dann von den Kategorien der Medizin aus und meinen: „Wir können immer noch etwas gegen die Krankheit und zur Verlängerung des Lebens machen." Alles Bauen falscher und illusionärer Brücken jedoch, einschließlich der Floskel: „Das wird schon wieder", zerstört das Vertrauen, das selbst ein Grundzug jeder Hoffnung ist.

Wie also kann man Kranken ‚Hoffnung machen‘? Zunächst einmal ist zu bemerken, dass ‚Hoffnung‘ keine abstrakte Idee ist, sondern eine jeweils sehr konkrete, aber zugleich sich verändernde und vielfarbige Gestalt hat (vgl. z.B. die Untersuchung von Simon 1986): So haben leichter Erkrankte andere Fragen und Wünsche an die Seelsorge als Menschen, die schon lange mit einer chronischen Krankheit leben und nochmals andere als Menschen mit einer lebensbedrohlichen Krebserkrankung – eine Beobachtung, die sicher nicht verwundert. Bei Menschen, die schon länger mit einer schweren, deutlich lebensbegrenzenden Erkrankung leben, wandelt sich die Hoffnung von dem Wunsch, ganz gesund zu werden, über viele ‚kleine Hoffnungen‘ und dann allmählich wieder zu ‚großen Hoffnungen‘:

- „Hoffnung auf einen guten Tag und einen guten Schlaf. Hoffnung, dass wir es schaffen, noch einmal fischen zu fahren … Dann kamen größere Hoffnungen. Dass es den Kindern gut gehen wird, oder dass ich ohne Lars überlebe. Lars freute sich, dass es für uns möglich war, in unserem Haus weiterzuwohnen nach seinem Tode. Zuletzt haben wir eingesehen, dass es für uns immer ganz große Hoffnung gibt: Die Tage, die wir gemeinsam verbringen durften. Eine Hoffnung, dass Lars in Frieden zu Hause sterben würde … Und die Liebe. Lars hat die letzten Tage gesagt, er glaubt, wenn die Menschen längst tot sind, gibt es eine Liebe, die von uns übrig bleibt … Es gab für mich, für Lars und die Kinder nie eine Zeit mit mehr Hoffnung, als die letzten Wochen zusammen …" (Husebö 1996, 6).

Solche Hoffnung können die Helfer und Begleiter nicht ‚machen‘, aber sie können sie *ermöglichen*. Das geht allerdings nur, wenn sie selbst für sich eine Lebenssicht entwickeln, die solche Prozesse im Menschen zulassen kann. Auch die Seelsorge muss lernen, dass es nicht nur die große ‚transzendente Hoffnung‘ gibt, sondern dass auch die kleinen und die größeren Hoffnungen zur Schöpfungsordnung gehören: Leben ist angelegt auf die vielen kleinen und großen Sinn-Resonanzen, an denen der Mensch die Verlässlichkeit des Lebens festmachen und sich von da aus nach neuen Möglichkeiten ausstrecken kann. Die große Hoffnung ernährt sich auch an den vielen kleinen Zeichen und Hoffnungsfragmenten – wie ja auch die Bibel von den vielen Zeichen erzählt, an denen Gott seine Treue erwiesen hat. Damit hat er gerade nicht die Spannung aus allem Leben und die Vollendung der Welt vorweggenommen. Auch Jesus hat ja nicht alle Kranken seiner Zeit geheilt, sondern er hat Zeichen der Hoffnung gesetzt.

Was für den jeweiligen Menschen ‚Hoffnung‘ bedeutet, das bricht sich nochmals an der persönlichen Lebens- und Lerngeschichte, an den gelernten und ungelernten, erprobten und nichterprobten Lebensvorstellungen. Es gilt in der Begleitung hinter der vordergründigen äußeren Gestalt die ‚Hoffnungsgestalt im Hintergrund‘ zu entdecken.

So sagte in einem Interview ein Jugendlicher, Hoffnung sei für ihn „nichts Kirchliches, sondern dass meine Fußballmannschaft gewinnt“. – Das ist vielfach die kleine Hoffnung der Menschen.

- Als ich einer sterbenskranken Patientin bei der Krankenkommunion die Perikope vom ‚Großen Gastmahl‘ vorlas, fiel ihr als Erstes ihre Sehnsucht ein, wieder mit der Familie am Sonntag zusammen an einem Tisch zu sitzen. Das Gebet nach der Kommunion brachte ihre kleine Hoffnung mit dem ewigen Gastmahl in Verbindung. Die Tränen der Patientin zeigten, dass sie ihre Alltagshoffnung in der großen Hoffnung wieder finden und zum Ziel gebracht sehen konnte.

Die Religion greift das auf, *was mit der kleinen Hoffnung zutiefst gemeint ist*: Sie stellt die Sehnsucht, die wie im obigen Beispiel im Kreis der Familie geweckt wurde und aufscheint, in den Horizont der ewigen Erfüllung und Vollendung. Seelsorge kann diese Symbolisierung des Patienten aufschließen und die kleine Hoffnung an die große Quelle aller Hoffnungen anschließen helfen. Wenn der Seelsorger nicht eine kurzschlüssige Vertröstung vornimmt („Sie können sicher bald wieder mit Ihrer Familie zusammen am Tisch sitzen ...“) und damit sozusagen nur einen ‚Becher Wasser‘ für den ‚großen Durst‘ reicht, sondern das große Bild und damit die Spannung aufrecht erhält, dann erschließt sich eine tiefere Weisheit, die als Resource beim Patienten bleibt. Auch wenn sich die kleinen Hoffnungen – wie beim Sterbenden – weiter reduzieren, kann *das Wesentliche, das in den Zeichen ‚eigentlich‘ Gemeinte*, kann sich ihr ‚Sinn‘ erfüllen.

- So berichtet ein Krankenhausseelsorger (Ludwig 1976, 82), wie auch das Fußballspielen ein Träger der großen Hoffnung sein kann. Ein sterbenskranker behinderter Junge, der sich danach sehnt, wie alle anderen Schlitten fahren und schwimmen zu können, stellt sich so den Himmel vor: dass er dort Fußball spielen und schwimmen kann. ‚Da könnte ich mich ja eigentlich darauf freuen.'

So können auch rituelle Handlungen und Sakramente Zeichen der Hoffnung sein: Dass das endliche und zerbrechliche Leben in die Welt Gottes eingeordnet und an deren umfassende Ordnung angeschlossen ist und in einem letzten liebenden Geheimnis steht. Allerdings darf auf diesem Hintergrund das Sakramentsverständnis mit gutem Grund erweitert werden: Auch ‚Beziehung' ist ein Sakrament, in dem sich etwas von der Erfüllung Gottes darstellt. Im tiefen Verstehen und Verstandenwerden zwischen Menschen – auch am Sterbebett – ereignet sich das ‚Sakrament der Beziehung'. Darauf baut rituelle Sakramentenspendung auf, und dadurch kann sie erst – in heutiger Zeit – ihr Hoffnungspotenzial entfalten.

3.4 Eine Bilanz:
Mehr als Begleiten: Der Anschluss an das Heilige

Die Überlegungen zur kleinen und großen Transzendenz und zur kleinen und großen Hoffnung machen auf eine für die Pastoral entscheidende theologische Einsicht aufmerksam: Der Trost des Glaubens ist keine schlechthin zukünftige Kategorie, sondern wesentlich auch Kategorie der *Erinnerung*.

Wenn J. Mayer-Scheu (1980, 129) für die Krankenhausseelsorge fast ausschließlich den ‚Mitgeher-Gott' reklamiert, der den Sicherheiten und Gesetzmäßigkeiten des Lebens seine Verheißung einer neuen Zukunft *gegenüber*-stellt, so liegt darin die Gefahr, dass der ‚Trost der kleinen Hoffnungen' als ‚Baals-Religion' abgewertet wird. Es mag für die *Initialzündungen* der christlich-jüdischen Religion, z.B. eines Abraham, eines Volkes Israel und der Jüngerberufungen im Neuen Testament gelten, dass die Kategorie des Loslassens und Überschreitens ein wichtiger Zug von Glaube, Hoffnung und Liebe ist. Der christlich-jüdische Glaube ist in seinem Grundvollzug aber wesentlich auch *Erinnerung* an das, was Gott in der Vergangenheit an seinem Volk getan hat. Die Psalmen rezitieren ständig diesen Trost aus der Erinnerung; sie beschwören die Verlässlichkeit der Welt Gottes, die Vergangenheit, Gegenwart und Zukunft umspannt. Die meisten Hoffnungsbilder der Bibel und die Hoffnungsbilder der christlichen Glaubensgeschichte bauen sich aus dem Material des schon längst von Gott Gewirkten auf: Es *erweist* sich nur jeweils neu und für den Glaubenden überraschend, weil es in je neuer Gestalt (und ‚hoffentlich' auch in ‚meinem' Leben, bei ‚meiner' Krankheit) sich ereignet.

So macht dieses Buch den Vorschlag, nicht nur die mitgehende Begleitung als Leit-Idee für die Pastoral zu sehen, sondern auch die Symbolisierung und die Ritualisierung dieser geschichtlichen Sicht:

- *Symbolisierendes Verstehen* ist die Weise, in ‚Bild' und Selbstentwurf des Patienten die tragende Dimension des Glaubens zu entziffern und darin die bereits immer anwesende Geschichte Gottes mit den Menschen zu erkennen. Diese erinnernde Transzendierung und Vertiefung der eigenen Lebenssicht ist Grundlage auch für die ‚Neukonstruktion' der Wirklichkeit, in der der Mensch erlöst und hoffend über seine gegenwärtige Situation hinausblicken und den ‚großen Weg' über viele ‚kleine Stege', über mühsame ‚weite Strecken', durch ‚Engpässe', ‚dunkle Schluchten' gehen und durchhalten kann. Dabei ist entscheidend wichtig, dass es *die kleinen Erfüllungen der kleinen Hoffnungen* gibt, weil sie zugleich (wie die Geschichten und Symbole des Glaubens) *als Gefäße für die große Hoffnung* dienen können.

- *Rituelles Begehen* feiert die heiligen Geheimnisse, die auch in der Niedrigkeit und Erbärmlichkeit des Menschen, auch angesichts von Not und Tod die erschreckende und beglückende Anwesenheit des Heiligen symbolisieren. Christliche Rituale stellen modellhaft-erinnernd dar, dass die vielen kleinen und großen Knotenpunkte des Lebens mit *Berufung auf den großen Durchgang Jesu Christi* begehbar sind, auch die Zone des Todes. Der Glaubende begibt sich dann mit der Ungeordnetheit und dem drohenden Chaos seines Lebens in die heilige Ordnung der Welt Gottes.

Das ist der Trost des Glaubens: Was sich einmal *bewährt* hat in der Geschichte der Glaubenden, das wird auch *weiter währen* in ‚deiner' und ‚meiner' Geschichte. Was zunächst eine reine Zukunftskategorie zu sein scheint, die Hoffnung, aktiviert die Urerfahrung von Liebe, die in Gott ihren Ursprung hat. Aus dieser er-innerten Vergewisserung vermag der Mensch sich dann auch auszustrecken nach der Zukunft. Er darf dann hoffen, dass das, was er welthaft, fragmenthaft in der Endlichkeit der Schöpfung schon ‚kennt', endgültig erfüllt wird in der Welt Gottes.

Natürlich ist auch das Begleiten eine Aktivierung der Liebe Gottes und eine Repräsentation des Heiligen – aber das Symbolisieren und das rituelle Begehen rücken die Lebenssituationen der Menschen *ausdrücklich in den Horizont und in die Zone des Heiligen*, von dem her die gebrochene menschliche Existenz ihr Heil und ihre Heilung erfährt. Zu helfen, dass die Lebenserfahrung ‚im Vordergrund' durch-schaut werden kann ‚auf den heiligen Hintergrund hin', ist die hohe Aufgabe der Seelsorge.

Ein kleiner Exkurs:

„Sie haben aber einen schweren Beruf" – oder wie Seelsorgende das aushalten

„So viele kranke Menschen!" Und es sind ja immer neue – im Jahr sind es an einer großen Klinik zwischen 40 000 und 50 000 Patienten. – Es kann hier nicht um die Frage gehen, ob und wie die Seelsorge möglichst viele Patienten eines Hauses erreicht. Es geht im Zusammenhang mit einem Leitbild für Seelsorge um die Innenseite, das Selbstverständnis, mit dem die Außenseite bewältigt werden kann. Eines gilt es vorauszuschicken: Es gibt viele ‚schwere' Berufe, viele Tätigkeiten, bei denen ein Mensch ganz gefordert ist, wo Krisen auch ohne Kranksein zu bewältigen sind.

Die schwereren Aufgaben haben zunächst einmal die Patienten. Der Unterschied ist: Patienten müssen ‚ein' Schicksal, ihr *eigenes*, durchmachen; Helfer und Begleiter müssen in kurzer Zeit *vielen verschiedenen Schicksalen* begegnen können. Wie schafft man das, immer wieder offen zu sein für die nächste Begleitung?

Der Seelsorger/die Seelsorgerin ist in der Begegnung mit dem Patienten, verbal und oft noch mehr non-verbal, präsent, wenn sich aus vielen ‚Tönen' (aus Worten, Gedanken, Gefühlen, Erinnerungen, Leiberfahrungen, Fantasien) eine ‚Melodie' formt. Dazu muss der Seelsorger mit allen ‚Saiten' seines seelsorglichen Instrumentes, *das er als Person letztlich selber* ist, bei der Sache sein. Alle Sensoren werden gebraucht, vom Geruchssinn, über das Ohr, die visuelle Wahrnehmung bis hin zu den Bildern, die im Seelsorger selbst wachgerufen werden. Mit diesem seinem Instrument geht er in Resonanz, sodass zwischen Besucher und Besuchtem eine Melodie entstehen kann. Wenn ‚diese Musik' zur ‚Musik im Patienten' wird, dessen Grundschwingung erreicht und ihr entspricht, dann bleibt diese Musik auch dann, wenn der Seelsorger, der sie angeregt hat, wieder weggeht. Oft bestätigen Patienten dem Besucher, dass eine Melodie aufgestiegen ist, wenn sie sich verabschieden: „Danke, dass Sie mich besucht haben", „Danke für das Gespräch" (obwohl der Seelsorger vielleicht kaum selbst in das Gespräch eingegriffen hat). Wenn meine seelsorgliche Begegnung dazu beigetragen hat, dass ich im Patienten etwas von ihm selbst öffnen konnte – und zwar das, was *hier und heute* geöffnet sein will (nicht unbedingt immer das ganze Leben, nicht immer die ‚ganze Wahrheit‘), wenn die Existenz nur an einer Stelle aufblitzt – und wenn es „der noch ausstehende Stuhlgang" ist, der Erfahrung von Geschöpflichkeit symbolisiert, um ein sehr alltägliches Beispiel zu nehmen – dann kann ich wieder gehen, ohne den Schmerz oder das Kreuz dieses Menschen mitnehmen zu müssen.

Der *Patient* wird an seinen schmerzhaften Seiten berührt; ich als Seelsorger komme *auch* mit Leid in Berührung, aber das ist mein *eigenes*, das sind nicht die Schmerzen, die der Patient auszuhalten hat. Ich darf darauf vertrauen, dass bei der entstandenen Melodie während der ganzen Zeit schon ein größerer ‚Raum‘ mit in Resonanz war und jetzt weiter mitschwingt: der des Geistes. Die Musik, die weiterschwingt, wird von einem größeren Resonanzboden getragen, sie hängt nicht an meinen geistlichen Fähigkeiten und Methoden. Ich werde dann als Medium des Geistes mit meiner Resonanzfähigkeit nicht mehr gebraucht – ich darf auf den Geist selbst vertrauen.

Es ist peinlich, wenn Seelsorger sich depressiv aufdrängen, nicht wieder weggehen können, weil sie noch nicht ‚an alles Leid‘ und alle Tiefe des Patienten ‚drangekommen‘ sind, wenn sie glauben, solange dableiben zu müssen, bis sie sicher sind, alle Sorge auf sich genommen zu haben. Umgekehrt spüre ich sehr wohl, wenn von einem Besuch etwas mit mir geht und ich noch nachgrübele; wenn etwas in mir geblockt hat oder blind war. Dann muss ich mir in aller Demut eingestehen, dass ich nicht ganz bei der Sache war. Selbst dann darf ich hoffen, dass der ‚Geist‘ ganz bei der Sache ist, ob ich das bewusst miterleben darf oder nicht. Das befreit von aller Omnipotenz-Fantasie – aber auch aller Impotenz-Fantasie. So verlangt Seelsorge am Krankenbett sehr wohl die ganze Person – den ‚Weisen‘ im Seelsorger – aber nicht mein ganzes Leben. Sie verlangt nur die ‚Kraft des Augenblicks‘ – nicht weniger aber auch nicht mehr, sodass ich wieder frei bin für den nächsten Augenblick und die nächste Begegnung.

4. Und wenn nicht von ‚Gott' die Rede ist: Spiritualität im Krankenhaus

„Jeder Mensch hat eine spirituelle (geistliche) Dimension ... In einer multikulturellen Gesellschaft drückt sich die spirituelle Natur einer Person in Überzeugungen und Praktiken aus, die sich je nach Rasse, Geschlecht, Gesellschaftsschicht, Religion, Volkstradition und persönlicher Erfahrung beträchtlich unterscheiden." So steht es in den Leitlinien der internationalen Arbeitsgruppe zu Tod, Sterben und Trauer IWG (Smeding 1995, 22).

Die Betrachtung im vorhergehenden Abschnitt über die Beziehung zur ‚Mitte' könnte leicht den Eindruck erwecken, es bestünde nur eine persönlich begründete Scheu, das Wort ‚Gott' auszusprechen: Würden Menschen nur mehr ihren Glauben kommunizieren, dann wäre die religiöse (christliche?) Welt wieder in Ordnung. Die christliche Tradition hat in unserem Kulturkreis ihre selbstverständliche tröstende Plausibilität immer weiter eingebüßt, sie steht in Konkurrenz zu einer Vielfalt von religiösen Deutungen und Deute-Systemen. In dieser Komplexität der religiösen Landschaft gibt es offensichtlich eine Grundschicht: *Die Suche nach spiritueller Erfahrung*, die auch in den Ambivalenzen des Lebens und in seinen Krisen Orientierung und Bewältigungskraft gibt.

4.1 Spiritualität und Spiritualitäten

In säkularen Krankenhäusern ebenso wie in kirchlichen begegnet die Seelsorge den unterschiedlichsten philosophisch oder religiös oder ganz pragmatisch begründeten Weltanschauungen. Seelsorge kann also zunehmend weniger davon ausgehen, dass beim Betreten des Kranken- oder des Stationszimmers der ‚christliche Horizont' sozusagen wie selbstverständlich mit durch die Tür schlüpft, an den die anderen mit ihrer Sehnsucht nur anzudocken bräuchten. Seelsorge muss vielmehr lernen, ihre Deute-Welt ihrerseits anschlussfähig zu machen für die spirituellen Welten der Menschen, denen sie begegnet.

Die großen Kirchen haben als einzige das Recht und den Auftrag, alle Patienten unterschiedslos zu besuchen. Dieses Recht verpflichtet auch: Kirchliche Seelsorge muss offen sein für die Begegnung mit allen möglichen Spiritualitäten*). Sie ist in einem gewissen Sinn ‚zuständig' für Menschen mit den verschiedensten Spiritualitäten, nicht nur für die Angehörigen der eigenen Glaubensgemeinschaft. Sicher können Seelsorger der großen Kirchen nicht allen Formen und Symbolen gerecht werden, sie müssen ihnen aber zunächst vorurteilsfrei (das heißt nicht ohne eigene Verwurzelung) begegnen und evtl. Kontakte zu anderen Glaubens- und Weltanschauungsgemeinschaften vermitteln, damit Patienten die ihnen gemäße Begleitung erhalten.

Im Krisen- und Notfall aber muss die offiziell beauftragte Seelsorge bereit sein, Menschen in ihren tiefsten Überzeugungen zu begleiten, auch wenn diese den eigenen fremd sind oder ihnen widerstreben. Es geht in erster Linie darum, Menschen in ihrem innersten System zu helfen, aus der *ihnen zugänglichen Quelle* heraus Krankheit, Krisen, Sterben und Tod zu bewältigen.

Für die Absicht, ein Innenbild für Seelsorge zu entwerfen, ist es wichtig, drei Spuren der Entwicklung zu immer mehr verschiedenen Spiritualitäten zu nennen:

1. *Die Pluralisierung der Weltgesellschaft in der Moderne.* Es ist ein Faktum, dass wir die (scheinbar) geordneten Verhältnisse der Vergangenheit nicht wieder herstellen können. Wir müssen uns als Seelsorger gerade im kategorialen Feld der Pluralität mit allen ihren Begrenzungen und Chancen stellen.

2. Infolge der *Aufklärung der Neuzeit* hat das spirituelle Geheimnis für viele seine Tragekraft verloren. Auch Gläubige früherer Generationen hatten nicht einfach unmittelbar ‚ihren Gott‘, sondern brauchten als nicht zu unterschätzende Hilfe für ihren Glauben ein ganzes System von Symbolen, Räumen, Zeiten, Personen, Ämtern, Riten, öffentlichen und privaten Bräuchen, um den Glauben anschaulich, formulierbar und damit als plausibel und tragfähig zu erfahren. Zur Religion gehört eine Kultur, zum Wort ein Kontext und zu jedem Bild eine ganze Deute-Welt von Symbolen, die sich gegenseitig auslegen. Während also früher ‚das Geheimnis‘ durch eine mehr oder weniger konsistente Kultur interpretiert wurde, gibt es heute viele Kulturen, religiöse Spielarten und Spiritualitäten wie Inseln und Inselchen in einem Meer deutungsbedürftigen Lebens. Wer Seelsorge betreibt, muss selbst sehen, wie er an diesen Inseln anlanden kann.

---

*) Der Begriff „Spiritualität“ stammt aus dem Raum christlicher Bemühung und Erziehung zu einem Leben aus dem Glauben, der Leben, Gebet und Arbeit inspiriert. Inzwischen ist der Begriff aber ausgewandert und zum gemeinsamen Nenner aller Möglichkeiten geworden, von denen Menschen sich eine Verbindung mit dem letzten umfassenden Geheimnis erhoffen.

3. *Durch die Entwicklung der Wissenschaft in der Neuzeit* – nicht nur
der Wissenschaft von der Natur (einschließlich der Medizin), sondern auch der von der Gesellschaft und der von der Seele – wurde
das, was einmal ein tragfähiges Geheimnis schien, gelüftet (Smeding). Gelüftet ist ein Geheimnis aber nicht wieder in den Urzu-
stand versetzbar. Menschen brauchen für die Formulierung und
Darstellung ihres Glaubens Projektionsflächen. Wenn sich aber
der ‚Himmel‘ der Projektionsmöglichkeiten Zug um Zug in einen
leeren ‚Weltraum‘ oder eine ‚Lufthülle‘ auflöst, dann sind heutige
Menschen mit ihren gewandelten Sinnvorstellungen nicht mehr
da, wo Menschen früher anzutreffen waren. Symbole und Handlungen sind anders besetzt, als kirchliche Seelsorge das gerne hätte. Deshalb müssen Bilder und Begriffe *psychologisch* nachvollzogen und geöffnet werden bis zu dem Punkt, an dem das Geheimnis
auf persönlicher Basis noch oder wieder greift. Das heißt nicht,
dass jeder Seelsorger zuerst Psychotherapeut werden müsste,
aber er muss sich mit der Bilder- und Symbolwelt der Menschen,
auch der seiner eigenen Tradition und der in seinem eigenen Inneren auseinandersetzen, sie vertieft verstehen, um als Zeitgenosse ein hilfreicher Hermeneut in der Sinnfindung zu werden und
um ein glaubwürdiger Mystagoge zu sein.

4.2 Seelsorge im ‚Meer zwischen den Inseln‘

Die spirituelle Orientierung ist durchaus nicht vernachlässigbar.
Denn „sie beeinflusst geistige, emotionale und körperliche Reaktionen auf Krankheit, Sterben und Trauer" (Leitlinien der IWG,
a.a.O.). Deshalb muss sich die offizielle Seelsorge im Krankenhaus
auf die jeweilige Spiritualität des Patienten, Angehörigen, Therapierenden einlassen, wenn sie Menschen nicht in ihrem Innersten allein lassen will. In einem erweiterten Sinn muss ‚Spiritualität‘ heute
definiert werden als

Beziehung eines Menschen zu ‚seinem‘ Geheimnis, das in alle seine Lebensäußerungen hineinstrahlt.

Sicher ist es nicht unproblematisch, wenn letztlich jeder Mensch nur
seine private Spiritualität hat und nur *eine* Melodie verstehen kann,
nämlich seine eigene. Sinnfindung gibt es nicht in Isolation: Der äu-
ßerste Horizont, auf den hin ein Mensch sich entwirft, müsste doch
auch der Horizont sein, von dem alles andere Leben auch seinen
Sinn empfängt. Sonst verliert er seinen sinngebenden Wert. Viel-

leicht deswegen sagen immer wieder Patienten: „Wir haben doch alle nur einen Gott." Das ist kaum als billige Gleichmacherei zu verstehen, sondern eher als Sehnsucht nach einem alles umfassenden und allen gemeinsamen Horizont.

Die Anbindung an eine einzige Quelle scheint heute verloren gegangen zu sein. Sinnsysteme werden ohne eine allen zugängliche gemeinsame Wurzel entworfen. Das schwächt ihre Tragfähigkeit. Die Individualisierung und Verheutigung von Lebenssinn ist ein Ergebnis von Freiheit, sie erzeugt aber auch eine neue Deute-Not. Gerade deswegen ist es eine wesentliche Aufgabe von Kirche und Gemeinde, ihre Bilderwelten kommunikabel zu machen und zur Spiritualitäts-Kommunikation in der Gesellschaft beizutragen. Die katholische Kirche hat der Tatsache gegenüber, dass es verschiedene Spiritualitäten gibt, eine ureigene Tradition: Das ‚et-et', das ‚kath-holän' (‚aufs Ganze, Umfassende gerichtet'). Sie kennt also eine inklusive Redeweise im Religiösen, die zunächst niemanden ausschließt. Als inkarnatorische Religion ist das Christentum an der Menschwerdung des Geistes orientiert (ein „Gott, der über allem und durch alles und in allem ist", Eph 4,6). Die ‚heilige Wirklichkeit' gilt als immer größer als alle ihre Abbildungen und alle menschlichen Denksysteme. Erst recht christliche Seelsorge muss hören lernen, wie Menschen ihr Geheimnis formulieren, um dessen spirituelle Kraft aufschließen, vertiefen und für die Lebensbewältigung fruchtbar machen zu können.

4.3 Spiritualität in der seelsorglichen Praxis

Wenn Spiritualität und Identität wesentlich aufeinander bezogen sind, dann geben Menschen etwas von ihrer Identität zu erkennen, wenn sie sich zu ihrer Spiritualität äußern und umgekehrt. Wenn Menschen äußern, was ihnen wichtig ist, dann sagen sie damit etwas über ihr Selbstverständnis und darüber, was sie inspiriert und auf welchen Horizont sie sich beziehen.

Jeder Mensch hat in der Regel die Gabe auszudrücken, was ihm wichtig ist: in symbolischer Ausdrucksweise. Schon das Kind, das ‚fragt': „Mama, wann ist das Essen fertig?", ‚sagt', was ihm im Augenblick wichtig ist: Es hat möglicherweise Hunger. Ganz im Hintergrund drückt das Kind seine geschöpfliche Abhängigkeit aus und eine gestörte Ordnung, die mit seiner Aussage wieder ins Gleichgewicht gebracht werden soll. Im Bild gesprochen ist die Äußerung

„Wann ist das Essen fertig?" wie ein *Baum*, dessen ‚Stamm' sichtbar ist: die sachliche Frage nach der Materie und der Zeit. Die ‚Wurzel' dieses Baumes ist im Boden: die oft kaum sichtbare Verankerung unserer Geschöpflichkeit, die sich in unserer Bedürftigkeit, im Empfindungs- und Gefühlsleben manifestiert. Der Baum hat aber auch eine ‚Krone', die sich in den weiten Himmel menschlicher Sehnsüchte und befriedeter Ordnungen erstreckt (Spiritualität).

So kann ich in der Alltagsseelsorge Äußerungen ‚deuten', natürlich nicht immer und ohne weiteres ausdrücklich: Das Symbol, das Menschen dem Seelsorger hinhalten, vermittelt ein implizites Wissen und Mitwissen, das nicht immer gedeutet werden muss (und oft nicht darf, weil es auch zum Geheimnis des Patienten gehört).

- Die Patientin, die ein inoperables Pankreas-Ca hat und das Wort Krebs nicht ausspricht, sagt: „Wir hatten es doch so gut miteinander, ich und mein Mann."
- Ein Mann, bei dem die Mitteilung der Diagnose (Verdacht auf Krebs) noch aussteht, sagt: „Das ist noch nicht der Anfang vom Ende – das fühle ich." (Natürlich ist das mehr als eine Aussage über seine Gefühle.)
- „Sehen Sie mal, wieder eine neue Dränage. Und ich hatte gedacht, ich sei schon weiter."
- „Ich habe doch immer so gesund gegessen und gelebt."
- Männer sagen oft: „Das schaffe ich schon ..."

Oft ist die *körperliche* Erfahrung des Kranken Ausgangspunkt für Äußerungen mit spirituellem Hintergrund.

Robert Kastenbaum (1996, 11) macht zu Recht darauf aufmerksam, dass der *Körper* des Patienten in der Sterbeforschung kaum vorkommt: der Körper als ‚Aufenthaltsort' einer kranken Person: „Wie ist das, wenn das Haus der Seele und des Geistes sich so verändert?" – Wie oft halten Patienten dem Besucher einen Körperteil hin: „Sehen Sie mal hier, wie mein Bein aussieht ..."

Hier ist der ‚Tempel der Seele' bedroht, verletzt oder auf dem Weg, wieder zu heilen. Fromme Besucher sind leicht in Gefahr, die Leiberfahrung von Kranken oder Sterbenden (z.B. das Gespräch über das endlich wieder mögliche Essen oder die endlich abgehängte Infusion) als ‚zu äußerlich' abzuqualifizieren und nicht zu hören, was für eine eminente Bedeutung dies für den Patienten vielleicht hat. Hier hat nicht nur der ‚Stamm' des Baumes Mensch eine Wunde; von der Wunde betroffen sind auch die ‚Wurzel' und die ‚Krone'. Hier kommen Sachebene, Gefühlsebene, Identität und Spiritualität zusammen (Hartmann 1993, 64).

Nahezu jede Geste, jedes Geschehen kann zum spirituellen Symbol werden, wenn der Seelsorger sich darauf einlässt. Auf der Intensivstation ist die Kommunikation mit Patienten oft auf das ‚aktive‘ Beobachten von Bewegungen, Zuständen, Körperhaltungen, Gesten beschränkt. Auch darin drücken Menschen etwas von ihrer Spiritualität aus. Auch in der Klage, auch im Entbehrten, in der Unruhe, im Erschrecken („Nach dieser 3. Operation erhole ich mich nicht so schnell wie von den beiden anderen“) wird gerade der Schmerz über den *Abstand* zur ersehnten Erfüllung ausgedrückt, der ‚Abstand zum Paradies‘. ‚Das Geheimnis‘ ist dann in anderer Weise da: als fernes, unverständliches, unerreichbares. Hier darf Seelsorge die Abwesenheit nicht religiös wegdeuten, sondern muss die Not des Abstandes offen halten. Nur so lässt Seelsorge die Bedeutung des Geheimnisses gelten und holt es nicht verharmlosend an ihre Seite. Das gehört zur Spiritualität des Seelsorgers selbst.

Spirituell geschulte Seelsorge bringt Religion in einer Form mit, die keinem Gefühl, keiner Äußerung, keinem Verarbeitungs- und Symbolisierungsmodus der Patienten Gewalt antun muss. Religion ist im ‚ganz Anderen‘ gegründet, das unendliche Geheimnis umfasst alles Menschen- und Schöpfungs-mögliche.

Es ist sicher eher zu *vermuten* als nachzuweisen, dass viele Patienten nicht von sich aus und nur vorsichtig ausdrücklich auf die Ebene einer ‚letzten Spiritualität‘ gehen mögen (vgl. Simon 1986). Wenn Menschen ihre Gefühle und ihre Gedanken nicht nur implizit, sondern ausdrücklich an die Religion anschließen würden, käme wohl ‚das Ganze‘ der Existenz in den Blick. Das Wort ‚Gott‘ aussprechen oder zulassen, dass Besucher das angesichts von Krankheit und Sterben am Krankenbett tun, würde bei vielen Menschen eher Erschrecken auslösen – nicht vor dem letzten Geheimnis als solchem, sondern davor, dass der eigene Zustand „gleich so existenziell gesehen wird“, dass es „gleich um alles gehen soll“, dass man sich über seine ganze Existenz Gedanken machen und die Krankheit und Angst auf diesen Punkt bringen soll. Patienten sagen z.B. „Ich komme damit schon zurecht“ und signalisieren damit, dass sie ihre eigenen Sinn-Vorstufen, ihre eigenen Erklärungen und Deutungen vorläufig nicht unterlaufen haben möchten. Es muss bei jedem Menschen auch der alltägliche Sinn-Zusammenhang geachtet werden, der den Alltag auch in Krankheit und sogar Sterben trägt und der nicht gleich für das Letzte (und damit für das volle Bewusstsein von Endlichkeit und existenziellem Angewiesen-sein) geöffnet werden muss.

Die Aufgabe der spirituellen Begleitung ist also nicht in erster Linie, sich in allen verschiedenen Religionen und Weltanschauungen, von esoterischen bis zu philosophischen Systemen auszukennen. Man muss auch nicht – in der Querschnittsbegegnung schon gar nicht – immer auf die ‚letzte Spiritualität‘ lossteuern oder mit Patienten die Glaubenskatechese von Anfang an aufbauen wollen; das gehört in Gemeinde oder geistliche Begleitung, kaum ans Krankenbett.

Für *die Symbolisierungen der Menschen* kann hier nochmals das Bild vom ‚Baum‘ dienlich sein: Es gilt nicht nur

- auf den ‚Stamm‘ zu achten, also auf die Äußerungen, das Sicht- und Hörbare daran, die Worte, die Ereignisse und Sachen, die benannt werden, sondern auch auf
- die ‚Wurzeln‘, also das, was in der Symbolisierung an Identitätsmomenten steckt, worauf der Patient stolz ist, was ihm fehlt, was er kann oder jetzt nicht (mehr) kann, was ihm wichtig oder jetzt unwichtig ist,
- und die ‚Krone‘ zu erahnen, das, wohin seine Sehnsucht geht, was er als Freiheit oder Begrenzung erlebt, was seine größeren Werte und Ziele sind – und am Ende der Sinn-Horizont: Was seine Transzendenz ist.

Alltagsworte genügen – meistens, denn die Patienten, Angehörigen, Pflegekräfte, Ärzte sprechen in Alltagsworten mit uns, immer weniger in kirchlicher, religiöser Sprache. Jeder Mensch hat zudem seine spezifischen Kanäle, auf denen er sendet und empfängt. Der eine sendet auf dem ‚Denk‘-Sektor und ist dort stark, dann darf ich diese Stärke nicht durch Suchen nach den Gefühlen unterlaufen. Ein anderer empfängt auf dem sinnlichen ‚Tu‘-Sektor, ihm tut ein Zeichen gut, eine Berührung. Für einen dritten ist Anteilnahme wohltuend, er ist empfänglich auf dem ‚Fühl‘-Sektor.

- Als Beispiel mag ein Gesprächs-Protokoll gelten:
  Die krebskranke Patientin strickt etwas für ihre Enkel.
  Seelsorgerin: „Mm, was stricken Sie denn da?“
  Patientin: „An irgendetwas muss man sich ja festhalten.“
  S.: „Sie sind unruhig vor dem, was auf Sie zukommt?“
  P.: „Ich musste so lange warten, bis ein Bett frei war … es musste halt gehen.“
  S.: „Aber leicht ist das nicht?“
  P.: „Was nützt es, es bleibt einem nichts anderes übrig …“.
  S.: „Aber da ist man trotz Enkel und Familie ganz schön einsam dabei? …“

So ging das Gespräch weiter, ohne dass die Seelsorgerin bemerkte, wo sich ‚die Seele‘ der Patientin befand. Die Seelsorgerin versuchte – in immer neuen Anläufen -, die Patientin auf die Gefühlsebene zu bringen. Die Patientin ist wohl eher dabei, sich abzulenken, sich mit ‚Denken-an' und ‚Tun-für' die Enkel und die Familie ‚herbeizuholen' als Trost und Gegengewicht für die Beunruhigung und die inneren Gedanken. *Symbolisierende Seelsorge* könnte der Patientin in diese ihre Welt folgen und ihre trostspendenden Symbolisierungen (z.B. die Enkel) gelten lassen und vielleicht noch etwas weiter entfalten.

Nicht alle Menschen sind symbol-fähig, viele drücken sich in Worten und Begriffen aus: Auch die Begriffssprache hat ihren Zugang zur Spiritualität. Auch Philosophie, Wissenschaft, Theologie können Spiritualität transportieren! Symbolisierungen sind so verschiedenartig, wie Menschen verschieden sind. Spiritualitäten gibt es in großer Zahl; Kriterium für Spiritualität ist die Frage: „Wo brennt dein Herz?" – Dort ist der Mensch bereits geöffnet für das Geheimnis. Der Geist hat das Herz entzündet. Seelsorge ist nur Katalysator.

Zusammenfassung:
Das Innenbild im Außenbild

Die Modernisierung und Umgestaltung des Krankenhauses, die derzeit rasant vonstatten gehen, zwingen die Krankenhausseelsorge, ihre Position und Stellung neu zu formulieren. Dazu gehört eine Vergewisserung über die eigenen Ressourcen, die sie dem Krankenhaus mit allen Menschen darin zur Verfügung stellen kann. Eine Selbstbehauptung allein („Wir haben hier ein Recht, Patienten zu besuchen") genügt nicht. Seelsorge muss auch über die Frage Rechenschaft ablegen können, welche *Dienstleistung* sie für das System Krankenhaus erbringt. – Ein Leitbild trägt zunächst der Innenseite Rechnung: Was ist Seelsorge, wie arbeitet sie, was kann sie leisten? Es muss aber auch die *Anschlussfähigkeit* an das Rollengefüge der anderen Dienste unter Beweis stellen. So kann ein Leitbild ein entscheidendes Bindeglied zwischen dem so exotischen Status der Seelsorge und dem System als Ganzem sein. Seit einiger Zeit erweist es sich als immer notwendiger, endlich auch die Stellung der Seelsorge im *Krankenhaus als Organisation* wahrzunehmen und zu bedenken, wie die Organisation auf die Seelsorge zurückwirkt und welche Grenzen und Chancen diese in der Organisation hat. Die bisherigen Überlegungen wollen ein ‚missing link' zwischen ‚innen' und ‚außen' sein. (siehe Abb. 13)

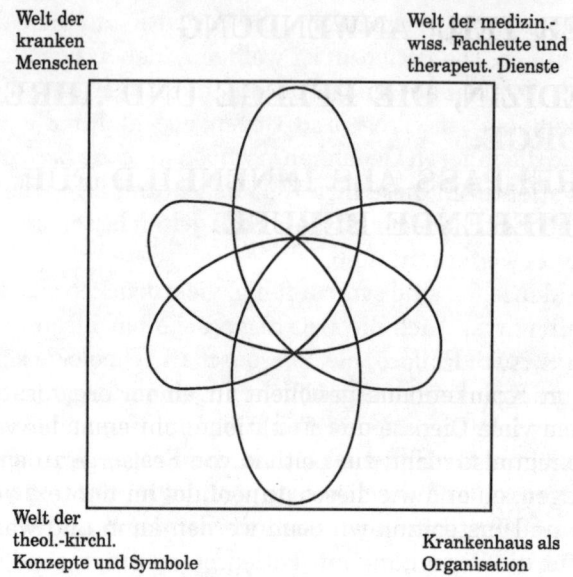

Welt der
kranken
Menschen

Welt der medizin.-
wiss. Fachleute und
therapeut. Dienste

Welt der
theol.-kirchl.
Konzepte und Symbole

Krankenhaus als
Organisation

Abb. 13: Innenbild im Außenbild

Um dem ‚Außen' gerecht zu werden, muss sich Seelsorge mit der Wirkung und dem Zusammenspiel in Organisationen befassen und alle ihre Bezugspole in den Blick nehmen. Der organisationstheoretische Kontext dazu ist in den letzten Jahren verschiedentlich vorgestellt worden (z.B. Heller 1997a; Heller 1997b; Siegrist 1996; Heller 1994). Den ‚Innenanschluss' für die vier anfangs genannten Beziehungspole zu liefern, ist Inhalt dieses Buches mit seinem ‚Leitbild für die Seelsorge'. Im folgenden zweiten Teil wird eine erste Anwendung des Leitbildes auf die Beziehung zu und Kooperation mit Medizin und Pflege vorgestellt.

ZWEITER TEIL: ANWENDUNG

DIE MEDIZIN, DIE PFLEGE UND ‚IHRE‘ SEELSORGE. DER DREI-PASS ALS INNENBILD FÜR THERAPIERENDE BERUFE

Seelsorge im Krankenhaus geschieht in einem organisatorischen Netz, in dem viele Dienste und Funktionen miteinander verknüpft sind. Es genügt also nicht, ein Leitbild von Seelsorge zu entwerfen, ohne zu fragen, ob und wie dieses ‚Innenbild‘ im Kontext von Medizin, Pflege und Institution wirksam werden kann und was es dort nicht nur für die Begegnung mit Patienten austrägt, sondern auch, was *Seelsorge für die therapeutischen Dienste* bedeutet, um derentwillen Kranke ja gerade in das Krankenhaus gehen oder verlegt werden.

1. Seelsorge und ihr Beziehungspol Medizin

Medizin und Seelsorge haben einerseits ganz verschiedene Blickrichtungen, sie müssen sich nicht notwendigerweise gegenseitig wahrnehmen. Andererseits begegnen sich die beiden Berufsgruppen häufig mit Vorbehalten und einer verzerrten Wahrnehmung, allerdings inzwischen immer mehr auch mit einer kritischen Aufmerksamkeit. Wenn in diesem Buch der Blick nicht nur auf *Einzel*personen als Beziehungspartner der Seelsorge gerichtet wird, dann deshalb, weil es in einem Organisationsgefüge noch andere Kräfte und Spielzüge gibt als nur die zwischen ‚Ich‘ und ‚Du‘ und ‚Wir‘. Der einzelne Arzt, die einzelne Pflegekraft sind in Subwelten eingebunden, von denen her ihre Rolle definiert ist: Wer für wen wer ist, wer mit wem über welchen Kanal kommuniziert, wer wofür zuständig ist, wer was wissen und können muss und wie diese Kompetenz zur Geltung gebracht werden kann und muss, das bestimmt wesentlich die berufliche Identität des Einzelnen. Aber noch andere Faktoren gilt es zu beachten: Auch die Medizin (und ihre Pflege) hat Leitbilder, die sich zu einem Muster aus vielfältigen Sichtweisen und Definitionen entwickelt haben. Ein entscheidender Faktor des Systems Medizin ist dabei, dass sie ihrerseits dem Einfluss eines übergeordneten Systems unterworfen ist: den Ressourcen, Strömungen und Tendenzen einer Gesellschaft.

Beziehungspole der Seelsorge sind also nicht einfach ‚der' Arzt, ‚die' Schwester, auch nicht ‚die' Medizin, sondern eine ganze ‚Welt in der Welt', die mehr oder weniger bei allen beruflichen Beziehungen mitschwingt. Die – oft übersehenen oder negierten – Einbindungen in Systeme sind es oft, die die Zusammenarbeit zugleich erleichtern und belasten, die die gegenseitige Wahrnehmung vereinfachen und zugleich verzerren. Einer verbesserten Wahrnehmung sollen die folgenden Gedanken dienen.

1.1 Die Gesellschaft und ihre Medizin

Arbeitsfeld der Seelsorge im Krankenhaus ist der Raum der Medizin. Seelsorge wird hier direkt und indirekt mit all den grundsätzlichen Themen konfrontiert, die mit der modenen Medizin verbunden sind. In diesem Raum spiegeln sich viele Tendenzen und Strömungen einer Gesellschaft, die da, wo es um Gesundheit und Lebenserhaltung geht („Hauptsache man ist gesund"), besonders scharf zu Tage treten bzw. aufeinander prallen. So ist es kein Wunder, dass auf dem Können des ärztlichen Berufs, auf den Erfolgen der Medizin und deren bestmöglicher Organisation im Krankenhaus ein ungeheurer Aufmerksamkeits- und Erwartungsdruck liegt.

1. In einer Zeit, in der immer mehr Lebensbereiche klinifiziert werden, wird von der Medizin gefordert, dass sie *die effektivsten Methoden und Hilfsmittel* einsetzt, um Beeinträchtigungen der Gesundheit und des Wohlbefindens zu beseitigen. Welcher Mensch wünscht sich nicht, dass Störungen und Beunruhigungen, die sich in seinem Körper manifestieren, unverzüglich und rationell weggemacht werden?

2. Das Krankenhaus und andere Gesundheitseinrichtungen sind Orte, an denen die Möglichkeiten der Medizin am besten organisiert, kontrolliert und rationiert werden können. Deren ständiger Zwang zu höherer Effektivität verbindet sich mit der Wirksamkeit der naturwissenschaftlich begründeten Medizin: Diese ist nun einmal das System, das somatische Dysfunktionen am effektivsten angehen

kann. Was seine Handlungsfähigkeit bei Krankheit aber am sinnfälligsten demonstrieren kann, das ist die Gesellschaft auch bereit zu finanzieren. Bei den ständig wachsenden Diagnose- und Behandlungsmöglichkeiten und dem zugleich geweckten Bedarf nach optimaler Gesundheit entsteht unweigerlich die Frage, was im Umfeld von Krankheit bezahlt wird und was einzusparen ist. Die Tendenz, das an einer Krankheit *Machbare* wirtschaftlich zu unterstützen und das *Nichtmachbare* und *Nichtobjektivierbare* wegfallen zu lassen, ist – außer in wenigen psychosomatisch orientierten Bereichen – kaum umkehrbar. In der Krankenhaus-, Alten-, Pflegeheim-Organisation gerät damit auch der Faktor ,Zeit‘, geraten die Kategorien ,Zuwendung‘ und ,Begleitung‘ immer weiter unter Druck.

3. Noch von anderer Seite her wächst dieser Druck: Charakteristisch für die somatische Medizin der Neuzeit ist ihre naturwissenschaftliche Orientierung. Das naturwissenschaftliche Objektivierungsverfahren bedeutet: Beim kranken Menschen werden nur *die* Anteile in den Blick genommen, die messbar, hantierbar und nach Ursache-Wirkung beeinflussbar sind. Nur das ,Machbare‘ wird herausgefiltert, denn es verspricht eine Möglichkeit der Behandlung; das ,Nichtmachbare‘ am Gesamtgeschehen Krankheit und am Befinden des kranken Menschen wird dabei ausgeblendet. – Nach wie vor ist die Naturwissenschaft das Wissenschaftsparadigma der klinischen Medizin, ihr Anteil wird im Zuge der wissenschaftlichen und technischen Entwicklung der Moderne kaum ab-, sondern eher weiter zunehmen. *Was in Physik, Biologie, Chemie, Kybernetik, Datenverarbeitung erforscht wird*, fordert fast zwangsläufig *eine Umsetzung auch in der Medizin*, weil eine auf die Machbarkeit fixierte Gesellschaft diesen Einsatz verlangt.

4. Es darf nicht übersehen werden, dass es *im Gegenzug zur Technisierung der Medizin* seit vielen Jahren auch Strömungen und gesellschaftliche Gruppen gibt, die sich vom main-stream dieser Entwicklung absetzen. Im Gesundheitswesen gibt es viele geistige Neubewertungen und Sichtweisen, die eigene Spuren in der medizinischen und pflegerischen Landschaft verfolgen – bis hin zu Selbsthilfegruppen und Hospizinitiativen, die – oft angestoßen von therapeutischen Fachleuten – zu einer breiten Strömung in der Bevölkerung geworden sind. Trotz dieser Entwicklungen haben sich die medizinischen und organisatorischen Bedingungen kaum verändert: Der wirtschaftlich und wissenschaftlich gestützte Untersuchungs- und Be-

handlungsapparat ist eher mehr als weniger Kennzeichen des Klinikwesens. Wohl begegnet die Seelsorge diesem anderen Bewusstsein in Form einer wachsenden Autonomie des Patienten und seiner Angehörigen.

1.2 Medizin, Pflege und ‚ihre' Seelsorge – Atmosphärische Klärungen

Im Kontext der Frage nach der Seelsorge dürfen allerdings nicht nur die Tendenzen des Gesamtsystems von somatischer Medizin und Krankenhaus und ihre Defizite betrachtet werden. Entscheidender ist die Frage, wie sich die Entwicklungen des Medizinsystems auf der Ebene der ärztlichen und pflegerischen Berufe auswirken und wie Seelsorge zusammen mit den anderen therapeutischen Berufen von einer *Defizit-Orientierung* zu einer *Beziehungs-* und *Möglichkeits-Orientierung* kommt.

Bei aller notwendigen Betrachtung der Gesellschaft und ihres Medizinsystems, in die die therapeutischen Berufe eingebunden sind, muss die Blickrichtung auch gewechselt werden: Wie begegnen sich Seelsorgende und Therapierende im Krankenhaus? Wer sind diese Berufsgruppen füreinander, was können sie miteinander, nebeneinander an Resourcen zum Wohl aller Betroffenen erschließen?

Bevor im weiteren Verlauf vertieft auf die Frage des Zu- und Miteinander eingegangen wird, sind einige Vorbemerkungen zur Beziehungsklärung zwischen Medizin und Seelsorge wichtig.

Im Gespräch mit Ärzten und Pflegenden wird mir in den letzten Jahren immer klarer, dass angesichts der wissenschaftlichen, wirtschaftlichen und kulturellen Entwicklung der Gesellschaft die Seelsorge *zusammen mit den anderen Berufsgruppen vor manchen ähnlichen Herausforderungen* steht.

1. Das Medizinsystem wird mit überhohen Erwartungen befrachtet, die sich zwar an *die* Medizin und *das* Krankenhaus richten, aber vom konkreten Arzt, von der konkreten Pflegeperson eingelöst werden sollen. Was vom System allgemein (anscheinend) ‚versprochen' wird, muss von Personen ‚gehalten' werden. Wenn die klinische Medizin zur Projektionsfläche überhöhter Machbarkeitsvorstellungen geworden ist, dann ist es kein Wunder, dass sie auch zur Projektionsfläche von Anklage und Enttäuschung wird, wenn Ärzte an Grenzen stoßen, die Gesundheit nicht wieder hergestellt, der Tod nicht verhindert werden kann.

Hier stehen Therapierende (und auch Seelsorgende) immer wieder vor Überforderungen, die Folge einer kollektiven schizoiden Lebenseinstellung sind: Einerseits bekommen Ärzte immer mehr technische und biochemische Mittel an die Hand, andererseits können sie sich immer weniger auf andere Verarbeitungsmöglichkeiten von Krankheit und Leid in Kultur und Gesellschaft stützen. Hinter den Klagen über die Grenzen der Schulmedizin verbirgt sich als nicht zu übersehender Anteil die mangelnde oder *abnehmende Fähigkeit einer Gesellschaft, menschliche Existenz, ihre Möglichkeiten und Grenzen realistisch wahrzunehmen.* Letztlich ist diese Gesellschaft dabei, mit ihrer Option für die Machbarkeit zugleich auch die religiösen und spirituellen Verarbeitungsmöglichkeiten von Grenzerfahrungen in den Hintergrund zu drängen, wenn nicht sogar ganz zu ersetzen. Die offizielle Medizin fördert zwar einerseits selbst diesen Verlust sachlich und ideologisch. Arzt und Seelsorger haben andererseits aber in ihrer ideellen Ausrichtung zutiefst dieselben Ziele: der Grundbestimmung des Menschlichen als ganzer gerecht zu werden: *den Menschen, den Kranken in seinen Möglichkeiten und seiner Endlichkeit zu sehen und zu begleiten.*

2. Auch im mechanistischen Medizinbetrieb gibt es eher wieder mehr Ärzte, die nicht nur den behandelbaren Menschen, sondern auch die Person mit ihrem Schicksal, ihrem Kampf, ihren Niederlagen, ihrer Persönlichkeit und ihren Beziehungen wahrnehmen und sie damit ernst nehmen. Nicht erst durch die Einbeziehung der Seelsorge wird Medizin zur menschlichen Medizin. Trotz einer eher gefühlsneutralen Medizinstruktur bringen viele Ärzte und Pflegende ihre intuitive zwischenmenschliche Kompetenz in ihrem Beruf zum Tragen. Ärzte fordern nicht nur eine Beziehungsmedizin (Kappauf, Gallmeier 1992, 198), bei der Menschen mit Menschen und nicht nur mit Objekten umgehen; bei der Ärzte mit kranken Menschen und nicht nur mit Krankheiten umgehen – sie praktizieren sie auch zunehmend. Dazu braucht es eine anthropologische Grundlegung und Ergänzung der Medizin (so z.B. Gallmeier 1996; Huber 1997). Seit einiger Zeit wird *im Bereich Pflege* daran gearbeitet, den Pflegedienst nicht nur als Assistenzberuf, der in allen Handlungen abhängig von den Anweisungen der Medizin ist, zu begreifen, sondern als eigenständigen Beruf mit pflege- und nicht nur medizinspezifischen Konzepten. Vor allem in der Palliativmedizin, in Psychosomatik, Psycho-Onkologie stehen deutlich erweiterte Vorstellungen von Medizin und Pflege zur Verfügung.

3. Auch Religion und Seelsorge beteiligen sich oft unüberlegt an einer Kritik des Arztberufes. Oft wird der untaugliche Versuch gemacht, den Mediziner für sich zu betrachten, ihn also aus dem Zusammenspiel gesellschaftlicher Wünsche und medizinischer Trends zu isolieren. Vielleicht steckt hinter so mancher Kritik eine gewisse Kränkung einer pastoralen Theologie, die zusehen muss, dass viele Menschen im Krisenfall sich ausschließlich in die Behandlung durch Medizin und Psychotherapie begeben und sich von diesen Berufen die effektivste Hilfe versprechen.

Auch eine sich therapeutisch verstehende Seelsorge muss davon ausgehen,

– dass Medizin ein Symbolsystem ist, das nicht per se spirituell ‚blind' ist, sondern auf etwas Wesentliches an der Schöpfung verweist: Der Mensch ist schließlich auch Materie, er hat nicht nur eine Seele als das ‚Eigentliche', sondern er ist wesentlich auch Leib. Und alles Körperliche ist sachlich objektivierbar und unter dem Gesichtswinkel der Naturwissenschaft betracht- und behandelbar.

– dass die Medizin dem Körperlichen unmittelbar zu Leibe rückt und ihm auf dieser Basis helfen muss. Denn das gehört zur Ausstattung, die ein Schöpfer dem Menschen mitgegeben hat. Diese ‚Ausstattung' empfindet der Mensch oft als eine Last; in ihr liegt aber auch die Möglichkeit, dass der Arzt die Schöpfungspotenzialität nutzen und z.B. diagnostizieren, operieren, verbinden, endoskopieren, infundieren und medikamentös behandeln kann.

– dass Seelsorge eher selten dem Patienten konkret körperlich zur Hand gehen kann; erst recht gehört es nicht zu ihrer Rolle, dies so direkt und umfassend wie der Arzt und die Schwester zu tun ...

– dass Arzt und Schwester auch ‚rituelle Handlungen' zur Verfügung haben, die vom Patienten nicht einfach als lästiges Übel, sondern auch als beruhigend und ordnend erlebt werden. Weniger die Riten und rituellen Handlungen der Seelsorge werden also von der Mehrzahl der Kranken als wohltuend und lebensfördernd angesehen, sondern in erster Linie die der Medizin.

4. Die häufig beklagte emotionale Neutralität im Krankenhaus ist in vielen Fällen nicht den therapeutischen Berufen selbst anzulasten: Sie beruht nicht auf einer mangelnden Gefühlsfähigkeit des Personals, sondern auf der *strukturellen Trennung zwischen Krankheit und krankem Menschen*. Die naturwissenschaftliche Grundorientierung der Medizin sieht vor, Krankheit unabhängig von Ort, Zeit und

Person zu betrachten, den kranken Menschen somit an einem *neutralen ,Ort'* zu behandeln, ihn *jeder,zeit'* beobachten und behandeln zu können und das *,subjektive' Erleben* und viele Identitätsmerkmale des Patienten auszublenden – d.h. ihn zum Objekt und sein Leiden zur behandelbaren Funktion zu machen.

Seelsorge darf nicht unreflektiert die therapeutischen Personen mit den verordneten Berufsrollen verwechseln. Im Gegenteil: Bei genauerem Hinsehen (oder besser: -hören) zeigt sich, dass die anderen Berufe unter derselben verordneten Struktur leiden wie die Seelsorge – mit dem Unterschied, dass letztere ganz andere und viel weitere Spielräume in und gegenüber der organisierten Struktur (und so gut reden) hat.

In den folgenden Überlegungen wird sich zeigen, dass es leichter ist, auch vonseiten der Seelsorge, nur Idealforderungen zu erheben und wesentlich herausfordernder, in solch komplexen Systemen humanisierend mitzuarbeiten und in der beruflichen Wirklichkeit im Krankenhaus verändernd einzuwirken.

Die *wissenschaftlich und gesellschaftlich geprägte Welt der Medizin und die damit befassten Berufe sind der Beziehungspol,* auf den im Folgenden das Leitbild der Seelsorge bezogen wird.

2. Seelsorge im Feld der Denker und Tuer

Eine kleine Beobachtung kann zum Ausdruck bringen, wozu es bei der Begegnung zwischen Medizin und Seelsorge kommen kann: Ich gerate bei der Feier der Krankenkommunion oder Krankensalbung gelegentlich ins Schwitzen, wenn zufällig noch ein Arzt am Nachbarbett oder eine Pflegekraft im Intensivzimmer ‚mithört'. Am liebsten möchte ich mich dann mit dem Patienten hinter verschlossene Türen zurückziehen.

2.1 Ist die Seelsorge anschlussfähig?

Wie kommt es zu dieser Unsicherheit? Schließlich haben wir Seelsorgenden zur Krankheits- und Krisenverarbeitung der Patienten einen wichtigen Beitrag zu leisten. Sicher sind, wie R. Gestrich (1991, 111) das bemerkt, Arzt und Seelsorger, ohne dass es ihnen bewusst ist, immer noch ‚Heilungs-Rivalen'. Immer wieder einmal versprechen sich Patienten und sagen zum Pfarrer: „Herr Doktor". Das spiegelt wider, dass beide Berufe ursprünglich aus einer gemeinsamen Quelle kommen. Der Kranke braucht beides: wissenschaftliche Heilkunst und geistliche Hilfe. Zudem hat die Unsicherheit wohl damit zu tun, dass Seelsorge auf einer anderen Ebene ‚tut' als die Medizin. Das seelsorgliche Handeln repräsentiert oft die Ohnmacht vor der Endlichkeit und Zerbrechlichkeit des Lebens, und sie drückt das in (gemessen an der Schwere dieser Erfahrung und der Endgültigkeit des Sterbens) fast lächerlichen Worten, Gebeten, Ritualen aus, während die Medizin von ihrem Selbstverständnis her gegen diese Bedrohung einen machtvollen Apparat von Konzepten, Instrumenten und Mitteln einzusetzen hat.

Dieses Nicht-zueinander-Passen kann im Diagramm von ‚Denken – Fühlen – Tun' näher ins Auge gefasst werden. Jeder Mensch hat im Prinzip alle drei Fähigkeiten zur Verfügung, mit denen er auf die Anforderungen und auf Unterbrechungen des Lebens angemessen reagieren kann. Für eine anthropologisch fundierte Medizin ist zu fordern, dass den drei Grundfunktionen eine gleich große Bedeutung im klinischen Zusammenhang eingeräumt wird, nämlich:

– dem objektivierenden Denken mit seinen wissenschaftlichen Konzepten, seinem Funktions- und Faktenwissen, aber auch den Konzepten der *anderen* Wissenschaften vom Menschen;

– dem instrumentellen Behandeln von Körperfunktionen, aber auch der Wahrnehmung des *Leibes als Haus der Seele* und des Menschen mit seiner Beziehungsfähigkeit;
– dem Fühl-Bereich mit seinem persönlichen Erleben und der *Empathie* als Verstehens- und Zuwendungs-Kategorie.

Im Modell zu sehen in Abb. 14.

Das klinische System hat im Zuge einer effektiveren Organisation der Krankheitsbehandlung eine gravierende Verschiebung der Schwerpunkte vorgenommen:

Vom ärztlichen Beruf wird in erster Linie der objektiv-somatische Focus verlangt. Zwar weiß man längst, dass die Beziehung Arzt-Patient mit-entscheidend für die Heilung ist. Aber die *Beziehungskomponente lässt sich im Zuge eines immer rationelleren Denkens herausrechnen – scheinbar folgenlos.* Im Zuge dieser Schwerpunktverschiebung werden die Ärzte immer mehr genötigt, „Organisatoren von Diagnose-Programmen und Auswerter von Befunden" (Gestrich 1991, 17) zu sein. Dementsprechend werden sie vorwiegend auf dem objektivierenden Sektor ausgebildet und trainiert. Der ‚Fühl'-Sektor wird von den somatischen Ärzten nicht verlangt. Dieser Sektor wird in Aus- und Fortbildung immer noch vernachlässigt. Es ist Privatsache des Arztes, wenn er in Diagnose und Behandlung auch mit sei-

Abb. 14: Der Drei-Pass einer anthropologischen Medizin

nen Gefühlen und dem Beziehungsfaktor arbeitet. Aus dieser strukturell verordneten Affektneutralität wird oft der falsche Schluss gezogen, Ärzte seien gefühls- und beziehungslos (was im Einzelfall wie auch bei Seelsorgern, ja auch zutreffen kann).

Trotz vieler gegenteiliger Bemühungen etwa vonseiten der Psychosomatik und der Palliativmedizin wird sich in Zukunft die Schere eher noch weiter auftun: Spezialisierung und wissenschaftlich-technische Entwicklung gehen in großen Schritten weiter, während die Kapazität für den persönlichen Einsatz und die integrierende Einbettung naturgemäß begrenzt ist. Die Be-arbeitung einer Krankheit hat weiterhin Priorität vor der Verarbeitung durch den Patienten mithilfe der professionellen Helfer.

Ähnliches lässt sich im Pflegebereich beobachten: Während die Pflegenden sich im Selbstverständnis ihrer Berufsgruppe längst vom rein naturwissenschaftlichen Modell gelöst haben, werden sie im institutionellen Zusammenhang des Krankenhauses zu „Verwaltern und Zubringern des Untersuchungs- und Behandlungsapparates" (Gestrich a.a.O.) gemacht. Selbstverständlich begegnen Pflegende den Patienten weiterhin auch mit ihrer gefühlshaften und sozialen Wahrnehmung, aber im Rollengefüge (und in den dokumentierbaren Tätigkeiten) sind diese Anteile faktisch immer weniger vorgesehen und schwerer verwirklichbar.

Wenn sich die Seelsorge in das Rollengefüge der klinischen Medizin einklinkt, dann muss sie sich bewusst machen, dass sie das mit einem Selbstverständnis tut, das ‚verdreht' zu dem der Krankenhaus-Medizin ist. Wer in den *Zwischenbereichen zwischen den offiziellen Rollenmustern*, also mit ‚Begleiten – Verstehen – Begehen' arbeitet, der kann nicht beanspruchen, im Raum definierter Rollen ohne weiteres verstanden zu werden. Wer dazu noch eine offen zu haltende ‚Mitte' beansprucht und sich als ‚Ohnmacher' (Gestrich, 114) vesteht, der muss im System des Machbaren die Anschlussfähigkeit seines Systems immer neu transparent machen. Wenn der Seelsorger den Ärzten und Pflegenden gegenüber unvermittelt mit seinen spezifischen Zwischenfunktionen *beginnt*, also damit einsteigt, dann darf er sich nicht wundern, wenn er als unverständlicher Außenseiter empfunden wird – oder als Spezialist, der sich wie die anderen abspaltenden Spezialisten auch geriert.

Im ‚Betrieb' der Medizin muss auch Seelsorge sich auf die Grundfunktionen *‚objektivierendes Denken'* und *‚instrumentelles Tun'* einstellen (im Fühl-Bereich sind Seelsorger in der Regel sowieso gut entwickelt), um mit Medizinern und Pflegenden in deren Rollen-System kommunizieren zu können. Sie kann nicht davon ausgehen, dass sich die triviale Kommunikationsstruktur des klinischen Systems zu Gunsten der Seelsorge ändert. Sie kann eher umgekehrt sich der – nicht leichten – Aufgabe unterziehen, an der Entwicklung von Kommunikations-Kompetenz mitzuarbeiten. Auf jeden Fall darf Seelsorge nicht treuherzig die Tatsache übergehen, dass es in Organisationen zunächst Personen nur in Rollenform gibt. Wenn er in Supervision, Fallbesprechung oder nach einem Gespräch im Stationszimmer nicht enttäuscht weggehen will, muss der Seelsorger dieser Tatsache Rechnung tragen und *die Differenz zwischen Organisation und Person aushalten.* Sonst legt man Defizite zulasten von Personen aus, die das nicht verdient haben.

2.2 Die Seelsorge und ihr ‚Schatten‘

Die beiden Sektoren ‚Denken‘ und ‚Tun‘ wurden in der Seelsorge der letzten 30 Jahre oft in den Schattenbereich gedrängt (auch diese Aussage gilt natürlich nur für die Berufsrolle, nicht für die Einzelperson): Das eigene Denkgebäude, die Theologie, wurde und wird oft noch als ‚seelenloses‘ Begriffssystem gesehen. Dem entspricht in der seelsorglichen, soziologischen und psychologischen Literatur eine fast durchgehende Klage über ‚die‘ Schulmedizin. Das Denkgebäude der Medizin ist ja nicht die Privat-Definition von Ärzten, sondern seinetwegen begeben sich Patienten in die Hand dieser Medizin. Diese verfügt nun einmal über *sicherheitsverheißende Symbole,* über die die Religion nicht zu verfügen scheint.
– Auch die Seelsorge muss sich darüber Rechenschaft geben, dass sie etwas ‚tut‘: Sie ‚geht‘ zu Patienten (oft ungebeten), spricht an, bleibt ‚aktiv‘ am Bett stehen, hört ‚aktiv‘ zu (das ist eine ausdrückliche Leistung), berührt, hilft, entzieht sich, greift auf, ‚deckt auf‘, ‚deckt zu‘, interessiert sich, schließt Gespräche ab ... – ganz abgesehen von den lange von inneren Zweifeln begleiteten rituellen Handlungen.
– Auch ‚denkt‘ sie: Sie hat Konzepte und Methoden; sie hat Pastoral-Psychologie und Theologie ‚im Kopf‘, bringt Symbolwelten und Lebenswissen mit, erkundigt sich, weiß vom Zustand des Patienten, überlegt mit ihm, sucht nach Worten, fasst zusammen, urteilt, sammelt Erfahrung.
‚Denken‘ und ‚Tun‘ sollten aus dem Schatten der Seelsorge hervorgeholt und in der Begegnung mit der wissenschaftlichen Medizin

konstruktiv genutzt werden. So können Schattenanteile eine positive Bedeutung gewinnen. Der Versuchung, die Sachorientierung von Medizin und Pflege abzuqualifizieren, entspricht aufseiten von praktischer Theologie, Moral und Seelsorge die Versuchung, die leiblich-materielle Seite des Menschen und deren ‚Be-handlung' nur mit großer innerer Zurückhaltung gelten zu lassen. Der Mensch ist aber nicht nur Geist-Seele-Wesen, sondern auch Körper-Wesen, mehr als diesem geistbegabten Geschöpf lieb ist. Da sind Schmerzen, Organversagen, Wunden, entartete Zellen, biochemische Vorgänge, elektrische Leitungen, Funktionsstörungen, die sehr sachlich und materiell angepackt werden. Medizin macht schmerzhafte Untersuchungen, verletzt die Integrität des Leibes, greift in intime Körperregionen ein und erinnert so den Menschen an seine elementare Natur und die leidvolle Seite der Kreatürlichkeit. Solche Eingriffe sind nicht zugleich Angriffe auf die Menschenwürde (als ob ‚Würde' sich nur auf die seelische und spirituelle Seite des Menschen beziehen könnte). *Medizin ist* – auch in ihrer modernen Form – *ein Medium von Humanität.*

Zweifellos: Krankheit kränkt den Menschen in seiner Integritätsvorstellung. Die Deutung, im Grunde sei jede Krankheit ‚psychisch' verursacht, schien einmal für diese schmerzhafte Seite des Lebens nicht nur einen ‚harten' medizinischen, sondern auch einen ‚weichen' Zugriff auf fast alle Krankheiten zu ermöglichen. Abgesehen davon, dass dann der Mensch für seine Krankheiten umfassend selbst verantwortlich gemacht würde, kann auch eine psychische Behandlung sehr ‚schmerzhaft' sein und oft bei ihrem Beginn als kränkend erlebt werden. Letztlich wissen wir viel, aber immer noch zu wenig über das Problem, wodurch und wie das System-Gleichgewicht Körper – Seele – Geist verlassen wird: Vom ‚Körper-Pol' her oder vom geistig-seelischen-‚Pol' her. Ein junger Arzt deutet seinen Beruf so: „Als Mediziner sorge ich nicht nur für die Rekonstruktion mechanischer, chemischer, biologischer Funktionen, sondern auch für den Leib. Ich helfe den Kranken ‚von unten her' auf, von ihrer materiellen Basis her, damit sie sich darin wieder wohlfühlen können." Mediziner und Pflegende stellen ihr Denken, Fühlen und Tun in den Dienst der vom Schöpfer gegebenen Heilungsmöglichkeiten. Auch physikalische und biochemische Funktionen sind ja ein Schöpfungsmerkmal und eine Schöpfungspotenzialität. Im Grunde ist Aufgabe der Medizin, diese zum Wohl des Menschen zu erschließen. Nur wenn Seelsorge auch den naturwissenschaftlichen und körperlichen Zugang zum Menschen gelten lässt, kann sie Partner im Krankenhaus sein. Auch ‚Denken' und ‚Tun' haben ja ihren eigenen Eros und sind somit fähig, auf ihre Weise Spiritualität zu tragen und etwas vom ‚Geheimnis' zu erschließen.

Auch wenn Seelsorge sich das Selbstverständnis der Medizin im Kopf klarmacht, weichen viele Seelsorger dem Gespräch mit den Ärzten aus. Das liegt sicher nicht nur an der – meist uneingestandenen – Abwertung der Objektivierungsstruktur der Medizin und an einer Scheu vor deren Denk- und Sprachstil. Es sind sicher auch Ängste der Seelsorger, mit der eigenen Erlebnis- und Sprachwelt nicht bestehen zu können. Dabei wünschen sich auch Ärzte, dass sie nicht nur auf ihre Medizin, sondern auch darauf angesprochen werden, was ihr Erleben und ihr ärztlicher Prozess mit dem Patienten und seinen Angehörigen ist. Auch der Arzt ist in eine grundsätzliche berufliche Spannung gestellt, dass er in seiner Rolle zugleich ‚Wissender', z.B. um eine schlechte Prognose und An-‚Tuer' von unangenehmen Behandlungen der Patienten ist, dass er auch die Härte haben muss, Patienten Schmerzhaftes zuzumuten. Schließlich sind nicht nur *die* Mediziner gute Ärzte, die eine sanfte Medizin praktizieren, sondern auch die, die operieren, Herzmassage, Intensivtherapie und Dialyse praktizieren. Ärzte fühlen sich oft nicht verstanden in dem, was sie machen (müssen). Ärzte und Pflegende sind nicht nur Projektionsfläche für die Wohltaten der Medizin, sondern auch für die mit Krankheit und Sterben verbundenen Krisen, die Komplikationen, die unvermeidlichen Nebenwirkungen und überhaupt für das Ungemach geschöpflicher Abhängigkeit und Entfremdung.

Es ist an der Zeit, dass Seelsorge im Raum von Fachleuten und -diensten nicht nur mitklagt über die Zustände im Krankenhaus, sondern zunächst auch die mit der Ausübung des Fachs verbundenen Erfahrungen und Schwierigkeiten zu verstehen sucht, um an den *Ressourcen* des ‚Betriebs' anzusetzen und ihren Beitrag darauf aufzubauen. Bevor Seelsorge selbstgerecht auf die Schattenseiten der Medizin verweist, sollte sie sich an *ihren eigenen Schatten* erinnern lassen, der auch die Gefahr beruflicher Inkompetenz und sogar Inhumanität enthält:

– Wenn das ‚Tun' die Oberhand gewinnt, werden Seelsorger zu Machern und beflissenen Helfern. Gebet und Sakrament gehen dann leicht von Hand und Mund und werden zu Instrumenten *gegen* die Krankheit, nicht zu einem Medium, um Menschen *in* der Krankheit zu begegnen. Ihre Symbole und Riten gehen dann an Leidenden und Trauernden vorbei – und das wird von diesen zusätzlich als verletzend erlebt.

- Wenn das ‚Denken' die Oberhand gewinnt, werden Seelsorger zu Belehrern und Missionaren, die ihre religiösen Konzepte und Weisheiten, ohne die Beziehung zu beachten, überstülpen und Leiden zudecken, statt es zu befreien.
- Wenn Seelsorger nur ‚Fühler' sind, dann verfallen sie leicht hilflos in Mitleid, versuchen durch Identifizierung mit dem Leidenden fremdes Leid zu übernehmen, um es zu ‚erlösen', und sind so kaum hilfreiche Gegenüber für Kranke und Betroffene. Aber auch Seelsorger, die auf Gefühle trainiert sind, weil sie meinen, das sei das wesentliche Medium von Seelsorge, versuchen, die Gefühle des Patienten aufzudecken, auch wenn dieser auf verschiedene Weise signalisiert, dass er Angst vor oder keinen Zugang zu seinen Emotionen hat.

Vor allem Priester wurden früher in ‚Denken' und ‚Tun' übertrainiert, während die *Beziehungsfähigkeit* wenn nicht ab – so doch untertrainiert war. In der Ausbildung von Seelsorgern geht es darum, alle drei Schleifen des Funktionsmodells zur Verfügung zu haben und diese in Beziehung zueinander nutzen zu können. Zwar hat auch jeder Seelsorgende seinen ‚Lieblingskanal' und auf Grund seiner Persönlichkeit einen Stil, den er in seiner Kommunikation herausgebildet hat. Aber es dürfen sich weder Denken noch Fühlen, noch Tun verselbstständigen – sie müssen vom professionellen Begleiter in die eigene Person hineingenommen und dort bewusst angenommen sein, damit sie für die Beziehungskanäle der Klienten und Anvertrauten zur Verfügung stehen. Denn um die geht es in erster Linie; die Orientierung an den Bedürfnissen, an der Ausdrucksweise und an den Eigenheiten der Person des Kranken ist die professionelle Stärke und die besondere Rolle der Seelsorge im Krankenhaus.

2.3 Beziehungskanäle des Arztes

Im Rahmen der Mediziner-Ausbildung habe ich den Studenten folgenden Fall vorgelegt: „Sie sind Famulant auf einer neurologischen Station. Gerade ist die etwa 45-jährige Ehefrau und Mutter einer Familie gestorben. Der Ehemann war noch eine Zeit lang am Totenbett und er kommt jetzt mit seinen beiden Kindern aus dem Zimmer, um nach Hause zu gehen. Sie sind der Einzige, der ihm auf der Station noch begegnet. Sie wissen, was passiert ist und bleiben unwillkürlich bei dem Mann stehen. Wie würden Sie reagieren?"

- Eine Studentin: „Mir kämen die Tränen, ich weiß nicht, ob ich etwas sagen könnte. Ich würde ihn vielleicht nur kurz berühren."
- Ein Student: „Ich würde ihn fragen, ob er noch etwas wissen will, ob er noch etwas mit der Station klären möchte."
- Ein Student: „Ich würde ihm eine Tasse Kaffee anbieten und ihn bitten, mit ins Stationszimmer zu kommen."
- Eine Studentin: „Ich würde ihn einen Augenblick wortlos in den Arm nehmen und mit ihm bis zur Stationstür gehen."
- Alle Studenten sagten, am liebsten wären sie in ein Arzt-Zimmer verschwunden und dieser Begegnung ausgewichen.

Welche Reaktion ist die beste? Jede Reaktion ist die beste, wenn sie die Bedeutung dieses Augenblicks aufzunehmen fähig ist und wenn sie zur Beziehung mit diesem Trauernden genutzt wird:

- Die ‚Stärke‘ des einen Studenten (Gespäch über noch offene Fragen und das Angebot, in den kommenden Tagen jederzeit für Fragen ansprechbar zu sein) kann sehr wohl eine passende Reaktion sein, die der Rolle des Arztes (seinem Wissen, seiner Erfahrung) gerecht wird. Auch auf der Informations-Ebene kann sehr wohl Empathie einfließen, wenn sich der Arzt seiner starken und seiner schwachen Reaktionsformen bewusst ist und diese berufsgerecht integriert hat.
- ‚Sofort-weinen-Müssen‘ gilt eines Professionellen als unwürdig. Ein Mediziner (erst recht als Auszubildender) braucht sich seiner ‚Erstreaktion‘ nicht zu schämen. Er muss sie sich nur klarmachen, dann kann er sie für die professionelle Begegnung regulieren lernen – und das eher, als wenn er das zu verleugnen versucht. – Übrigens: Auch Professionelle ‚dürfen‘ für eine kurze Zeit mitweinen, wenn sie damit nicht ihre eigene Lebenstrauer verbinden und herausweinen. Wenn der Professionelle seine Mit-Trauer bei sich anerkennt und kommuniziert (z.B. „das erschüttert mich ..."), darf er sein Berührtsein zeigen. Als Professioneller muss er seine Emotionen regulieren und sich schneller wieder fangen können. Sein *ganzes* Erschüttertsein gehört an einen anderen Ort (Gespräch mit Kollegen, Supervision etc.), dann kann er weiter Stütze für die Betroffenen sein.
- Die ‚Tuer‘ kochen gerne eine Tasse Kaffee – dann haben sie noch etwas Spielraum für den nächsten Schritt – und der Klient auch. Und noch eins: Ohne Worte geht es auch – auch wortlose ‚Äußerungen‘ können alles fassen, was jetzt unfassbar ist.

So einfach alle diese Reaktionen zu beschreiben sind, im konkreten Fall können sie ungeheuer schwer sein („Am liebsten möchte ich verschwinden"). Wie befreit sind die Studenten, wenn sie erfahren, dass sie ihren eigenen ,Erst-Kanal' benutzen dürfen und nichts falsch machen, wenn sie nur innerlich Kontakt zu den anderen Kanälen haben.

Wichtig für die Seelsorgenden ist, dass sie ihren medizinischen Partnern einen eigenen Stil zugestehen und endlich auf die Rede von der Gefühlslosigkeit der Ärzte verzichten, ein Vorwurf, der sicher auch daher rührt, dass Mediziner sich nicht des gleichen Kommunikationsstils und Beziehungsvokabulars bedienen wie die psychosozialen Helfer). Allen somatischen Medizinern, Pflegenden und therapeutisch Tätigen wird ja eine fast unlösbare Aufgabe zugemutet; sie müssen einerseits absolut den *Pol der Objektivierung* von Körpervorgängen beherrschen und andererseits sich dem *anderen Pol, dem Subjekt* (das fühlt und empfindet wie sie selbst auch) zuwenden. Eine junge Ärztin berichtet von ihrer ersten Diagnosemitteilung (Lungentumor), dass sie dies nur unter Tränen tun konnte und dass das für den Patienten erst recht belastend war. – Ein Arzt handelt in dieser Tätigkeit *nicht einfach* ,von Mensch zu Mensch', sondern er ist in einer Rolle, die ihn verpflichtet (zumindest in unserer heutigen Kultur) Krankheit in jedem Fall nach allen Regeln naturwissenschaftlicher Objektivierung zu diagnostizieren und zu behandeln. Die entscheidende Frage ist dann: Wie kann der professionell Tätige auch das ,Fühlen' nicht nur in seinem Innern haben, sondern *in seine Rolle hineinnehmen?* Voller Mitgefühl mit Patienten sprechen und sie unmittelbar danach spülen, bohren, stechen, schneiden, zupfen, also invasiv vorgehen – das alles soll ja *in Rolle* geleistet werden und nicht in der Abspaltung: Hier Person – dort Techniker. Ein Chirurg muss schneiden können, ohne von der Frage gequält zu werden, „was er da wohl dem Patienten antut". Vor und nach der Operation muss jedoch auch der Chirurg fähig sein, mit dem Patienten über dessen Lebensqualität zu sprechen und die Tragweite der medizinischen Mitteilungen und objektiven Eingriffe zu ermessen, also den rein objektiven Pol wieder zu verlassen und den subjektiven Pol einzubeziehen.

2.4 Die Schattenanteile im Arztberuf

In dem Funktions-Modell ,Denken – Fühlen – Tun' habe ich die Medizin mit ihren wissenschaftlichen Konzepten vorwiegend dem objektivierenden ,Denken' zugeordnet. Auch das ,Tun' der Medizin ist weitestgehend ‚Denk'-geleitet und Anwendung vorgängiger natur-wissenschaftlicher Denkvorgänge. Dieses Wissenschafts-Paradigma hat sich längst zum dominierenden Muster des Berufs entwickelt, sodass auch die Einzelperson Arzt ihre Wahrnehmungsmuster in dieser vorgegebenen Struktur einfügen muss. Durch diese Vorgaben wurden wesentliche Anteile des Arztberufes aus der ursprünglichen Rolle ausgeblendet und in den ‚Schatten' gedrängt. Dabei haben auch Ärzte und Pflegende vom Patienten her gesehen ihre ‚Zwi-schenfunktionen'. Genau wie der Seelsorger ‚Begleiter', ‚Deuter', ‚Liturge' ist, so ist der Arzt auch

– Deuter: Der Patient erwartet eine Deutung seines physischen Zu-standes. Patienten warten z.B. gespannt auf die Chef-Visite und versuchen, aus dem Gesichtsausdruck und den Worten des Chefs herauszudeuten, wie es um ihre Gesundheit steht; sie hoffen so, ‚von höchster Stelle' etwas über Leben, Lebensmöglichkeiten, Grenzen, Tod zu erfahren. Der Arzt ist auch ‚vorhersagender Pro-phet' für den Patienten; aber auch lebenserfahrener ‚Weiser': „Herr Doktor, Sie haben doch schon viele Menschen sterben se-hen", sagt der Patient eher beiläufig, im Zwiespalt zwischen der Konfrontation mit der Wahrheit und der Hoffnung auf Entwar-nung: „So schlimm ist es nun auch wieder nicht."

– Der Arzt ist auch ‚Hirte': Der Patient erwartet, dass er in einer vertrauensvollen Beziehung alles besprechen kann (schließlich „weiß der doch alles über mich"), dass der Arzt in Krisen erfahren ist, auch an Grenzen mitgeht, man sich ihm nackt, unter Narkose, bei einem schwerwiegenden Eingriff anvertrauen kann.

– Und der Arzt ist ‚Liturge': Früher hat er die rituelle Funktion spürbar wahrgenommen, indem er den Puls gefühlt, das Hörrohr auf den Bauch der Schwangeren gehalten, geklopft und die Zunge angeschaut hat. Heute ordnet er die Behandlungsroutine an („Sie gehen jetzt erst zum Röntgen, dann zum Blutabnehmen...") meist zur Beruhigung des Patienten, weil jetzt wohl ‚alles' getan wird, was in einem solchen Fall wohl gut und allgemein nach ärzt-licher Weisheit wichtig ist.

Wie kann der Arzt diesen Erwartungen begegnen? Der Arztberuf ist überfordert, wenn er alle diese archetypischen Erwartungen, die der Patient hat, erfüllen wollte. Öffentlichkeit und Medien tun schon ge-nug, um diesen Beruf mit Projektionen zu überfrachten. Aber der Arzt muss sich dieser Bilder bewusst werden und das, was früher sein Beruf *mit*bedeutet hat, nämlich *auch Lebensbegleiter von Men-schen zu sein*, wieder neu in seine Rolle integrieren. Wie kann das gehen – was kann Seelsorge dazu beitragen, dass sie nicht in die Rolle (und Versuchung) kommt, alleine ‚komplementär' die Lebensdeutung, die Zuwendung und die Mystagogie im Krankenhaus übernehmen zu wollen oder zu sollen?

Ein Idealmodell müsste so aussehen, dass jeder der drei Dienste, wissend um seine Stärken und um seine Schattenanteile, aber auch im Bewusstsein, dass der jeweils andere Dienst gut ausgebildete Anteile hat und auf den anderen Sektoren nicht blind, wenn auch wenig trainiert und auf Grund seiner Rolle eingeschränkt ist, in Kooperation zu den anderen geht. (siehe Abb. 15)

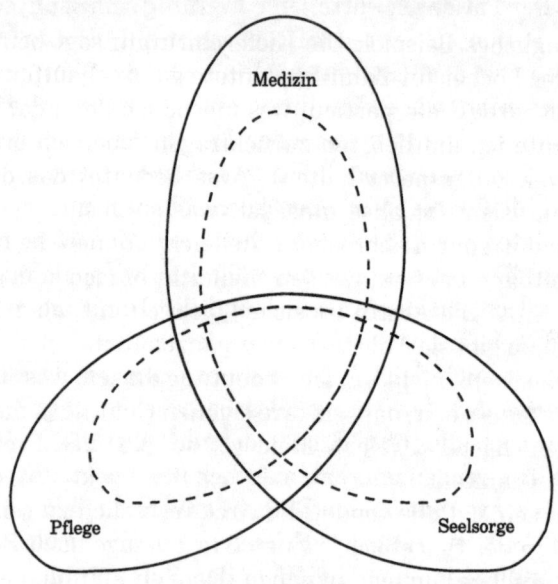

Abb. 15: Offizielle Rollen und innerer Kontakt zu den Stärken der anderen Dienste

3. Wie gestaltet sich die Schnittstelle zwischen Seelsorge und Medizin?

Weil die Beziehungsgestaltung zwischen Arztberuf und Seelsorge – außer auf dem Gebiet der Ethik – in der Literatur nur selten beschrieben ist, sei hier dieses Thema noch weiter entfaltet.

3.1 Mehr als Empathie!

• Ein alltägliches Beispiel: Die Kieferchirurgin sagt beim Herausfräsen der Löcher für Zahn-Implantate ganz echauffiert: „Sie haben aber harte Kieferpartien; was mache ich denn da?" Als Patient möchte ich am liebsten zurückfragen (aber ich muss ja den Mund weit aufgesperrt halten): „Was bedeutet das denn?" Ich habe Fantasien: Ist alles umsonst, was sie bisher operiert hat, muss sie mittendrin abbrechen? Vielleicht können die Implantate nicht haltbar eingesetzt werden, vielleicht bin ich kein geeigneter Patient ...? – Die Ärztin ist sicher fachlich gut, aber zu meiner Angst hinzu gibt sie Anlass zu einer ganzen Reihe angstvoller Fantasien. Sie ‚weiß' nicht um die Bedeutung dessen, was sie sagt (zudem merkt sie nicht, dass sie ihre eigenen Gefühle in die Sachaussage: „zu harter Kiefer" kleidet und sie als ‚Problem' des Patienten darstellt).

Auf Grund seiner Rolle sendet der Arzt zusätzlich zu seinen Informationen, zu der (angeblich) reinen Sachaussage auch Botschaften aus den ‚Zwischenräumen' zwischen ‚Denken – Fühlen – Tun', vor allem aus dem Deute-Bereich. Selbst wenn er sich völlig ‚ein-deutig' und objektiv auszudrücken versucht, wird er nicht verhindern können, dass der Patient auf der Bedeutungs- und Beziehungsebene mehr empfängt, als der Arzt beabsichtigt. Schließlich fürchtet (und hofft) der Patient um Leib und Leben und ist somit auf der Deute-Ebene hoch sensibel. Diese Ebene wird durch die Berufsrolle des Arztes und durch die Art seiner Beziehungsgestaltung ja noch einmal modifiziert und beladen mit Erwartungen und Befürchtungen. Die Bedeutungen sind es, die bei ihm Gefühle und Fantasien auslösen, mit denen er und seine Angehörigen oft alleine bleiben: „Was heißt das alles für mich, für uns?"

Worte, Informationen können, verbunden mit dem Bedeutungsgehalt, krank machen oder (auch falsche) Hoffnung geben, den Patienten entmündigen oder ihm helfen, mit der Information eigenständig umzugehen.

- „Der Arzt hat bei der Entlassung gesagt, ich könne ruhig wieder alles essen", erzählt die Patientin und fügt hinzu: „Das heißt doch, dass es jetzt eh nicht mehr darauf ankommt, dass die mich aufgegeben haben."
- „Dieses Bein muss morgen früh sofort amputiert werden", sagt der Chirurg zu dem alten Mann. Der Patient versucht in der Nacht, sich das Leben zu nehmen.
- Der Patient hört beim Röntgen, wie der Oberarzt zum Kollegen sagt: „Da können Sie noch fünfmal hingucken, der Befund wird nicht anders."

Seelsorger, zu deren Profession es (inzwischen) gehört, mit den Gefühlen zu arbeiten, sind oft enttäuscht, dass die Ärzte im Fühlbereich so wenig mitgehen. Der Arzt steht in einem grundsätzlichen Konflikt „hinsichtlich der emotionalen Nähe, die er zum Patienten einnehmen soll und der gleichzeitig aufrecht zu erhaltenden Distanz" (Meerwein 1985, 41ff), die bei einer Sachaufgabe notwendig ist. Eine mögliche Überidentifikation mit dem Patienten kann die Durchführung invasiver, auch aggressiver Behandlung (für den Arzt vielleicht nicht bewusst) erschweren.

Ärzte sagen denn auch, dass sie selbst „absolut professionell" miteinander umgehen müssen (in der Ausbildung, auf Station, im hierarchischen Gefüge) und meinen wohl damit, dass sie sich in aller Regel am objektiven Pol der Medizin aufhalten und dort sicher sind, weil es keine Kommunikationskultur für den Gefühlsbereich gibt. Die Gefühlsebene wird in unserem Medizin-System weder trainiert noch gepflegt, eher – meist versteckt – sanktioniert, schon gar nicht honoriert. Ein Rollen*spielraum* wird also weder von der äußeren Institution noch von der inneren Rollenvorgabe nahe gelegt.

Dennoch gehört *die Empathie* zu den Grundfähigkeiten des ‚Human'-Mediziners: Jeder, der beruflich Menschen helfen will, muss über die Fähigkeit verfügen, sich in die Wirklichkeit eines anderen Menschen einzufühlen. Denn nur dann kann der Helfer seine Hilfe auch wirklich in Beziehung zu dem ihm anvertrauten Menschen bringen. Sonst geht die Hilfe am Klienten vorbei, sie entlastet vielleicht den Helfer, aber sie erreicht nur begrenzt die Person des anderen.

Sich in einen anderen Menschen einfühlen, gelingt natürlich nur, wenn der Helfer einen ‚normalen' Zugang zu seinen eigenen Gefühlen hat und diese bei sich einordnen kann und wenn er weiß, dass das seine *eigenen* Gefühle sind und dass für die eigene Angst, Ohnmacht, Trauer, Wut, Enttäuschung oder Überforderung nicht der Patient verantwortlich ist; und dass es die eigenen Gefühle sind, die uns zu Menschen und ihrem Leiden hinziehen oder uns in die Flucht treiben wollen, ob wir etwas aushalten oder „nicht mit ansehen" können. Der Helfer muss um seine eigene Verwundbarkeit wissen.

In welcher Form ich den anderen Menschen – vor allem, wenn es der mir im Beruf anvertraute ist – an meinen Gefühlen teilhaben lasse, das gehört in das Kapitel ‚Psychohygiene' und Beziehungsgestaltung. Davon zu unterscheiden ist die Tatsache, dass meine Gefühle mir helfen, etwas vom Menschlichen zu verstehen und damit auch etwas von dem, was meine Klienten erleben und wie es denen geht. Danach kann der Helfer seine Gefühle ausrichten. Dabei muss er sich natürlich auch klar machen, dass ‚Hilfe' nicht nur die verabreichte Medizin, die durchgeführte Operation ist, sondern dass *‚Hilfe' auch einen emotionalen Kontakt braucht, um nicht nur ‚außen', sondern bei der ganzen Person anzukommen* (das gilt auch für die verabreichte Spritze oder Pille).

Aus seelsorglicher Sicht geht es beim Thema ‚Gefühle' nicht darum, dass zu dem (übertrainierten) ‚Denken' und ‚Tun' jetzt auch der Gefühlssektor des Arztes ebenso entwickelt werden muss, wie das etwa beim Beruf des Psychotherapeuten notwendig ist. Mitfühlen-Können ist eben nicht das Haupt-Medium des somatischen Arztes (schön, wenn ein Arzt das als Naturbegabung in seinem Beruf schon mitbringt und es beruflich gut integriert hat), sondern nur eine wichtige ‚Unterschwingung'.

In diesem Buch wird deswegen der Vorschlag gemacht, dass es in Aus- und Fortbildung *nicht* darum geht, die Helfer ‚auf Gefühle zu trainieren', mit denen sie bei der fehlenden Kommunikationskultur in der Klinik dann doch wieder allein gelassen werden. Zudem müssen klinische Helfer ja ständig an offenen, durch Krankheit eingerissenen, Grenzen der Existenz arbeiten und werden so ständig an ihren eigenen ‚Grenzen' und Schutzräumen berührt werden. Hier wird daher dafür plädiert, dass die Helfer Gefühle nicht unmittelbar kommunizieren müssen (oder als Gegenteil: sie völlig vermeiden), sondern ein ‚Medium' für Gefühle zur Verfügung haben: *die Bedeutungsebene.* Auf dieser Ebene gilt es zu schulen.

‚Bedeutungen' haben den Vorteil, dass sie ‚Container' für Gefühle sein können, sowohl für die des Professionellen wie auch die des Patienten. Sie erlauben es, den eigenen Emotionen und denen des Patienten eine ‚Fassung' zu geben, dabei die ‚eigene Fassung' zu behalten und somit in Rolle zu bleiben. Sie gestatten es, *sachliche Informationen zu transportieren und dabei offen zu sein für Gefühle*; zugleich geben sie Schutz vor der Unmittelbarkeit und Tiefe von Gefühlen.

In Zusammenarbeit mit den Medizinern auf Station kann Seelsorge z.B. beim Übergabegespräch ihre spezifische Kompetenz in der Deutungsdimension einbringen. Nicht ‚Mitleid‘ ist dann die Brücke der Verständigung, sondern die Frage, *„was das für den Patienten bedeutet“.* In dieser Frage können alle, die dem Patienten professionell begegnen, aus ihrer Sicht Wichtiges beitragen, auch die Seelsorger.

‚Bedeutungen‘ bekommen in der täglichen Praxis eine ganz alltägliche Form, z.B. wenn der Arzt sagt:

- „Was haben Sie gedacht, als Sie das erste Mal diesen Schmerz spürten?“ (Der Arzt bezieht die subjektive Seite des Patienten mit ein, dessen Krankheitstheorie und -fantasie).
- „Sind Ihnen seit gestern noch Fragen durch den Kopf gegangen?“ (Einbeziehung der Art, wie der Patient die Krankheit verarbeitet).
- „Die Untersuchung, die wir jetzt machen, dauert ungefähr eine Stunde.“ (Hier kann der Patient mitdenken und seinen Stress regulieren).
- „Ich muss jetzt nochmal an diese schmerzende Stelle gehen.“ (Der Arzt geht in Beziehung zum empfindenden *Menschen).*

Die Beziehungsgestaltung zwischen Arzt und Patient enthält neben solchen Alltagssituationen eine Fülle von Beziehungsmomenten, in denen es nicht nur auf Gefühle, sondern auf die Einbeziehung des Patienten, seiner Fantasien, Gedanken und Bewertungen ankommt, sodass Arzt und Patient *angemessen aufeinander reagieren und partnerschaftlich miteinander umgehen können.*

Unverzichtbar ist die Bedeutungsebene, wenn es um so große Themen geht, wie z.B.

- Lebensqualität: Wichtig sind dabei die ‚Lebensbilder‘, die eine Person auf Grund der ärztlichen Information für sich entwirft.
- Entscheidung für oder gegen eine Operation.
- Mitteilung einer schwerwiegenden Diagnose.
- Einbeziehen des Patienten in eine schwierige Behandlung.
- Fortführung oder Einstellung lebensverlängernder Maßnahmen.
- Wesentlich für den Umgang mit Hirntod und Organentnahme (um noch einen letzten besonders sensiblen Bereich zu nennen) sind letztlich die inneren und äußeren *Vorstellungen* vom Tod, die sich die möglichen Spender, die Angehörigen, die Öffentlichkeit machen.

Seelsorge darf im Gespräch mit dem Arzt auf Station oder in der Fortbildungsarbeit ruhig den Drei-Pass ‚Begleiten – Verstehen – das Geheimnis darstellen' auch den anderen Professionellen anbieten. Mit der Projektion aus den ‚Zwischenbereichen' durch die Patienten und die Angehörigen wird der Arzt sowieso beladen. Nur wenn auch die Fachleute *ihre* Zwischenbereiche anerkennen, können sie die archetypischen Rollen *annehmen und zugleich auflösen.* Alle Professionellen dürfen sich zugestehen, den (offiziell geforderten) reinen Fachmann, den Denker, Tuer, Fühler zu ergänzen:

– durch den Begleiter, den ‚Hirten'. Dieser gibt der reinen Sache, dem Informationsgespräch die *emotionale Wärme* hinzu. Der Fachmann muss Kontakt zu seinen und des Patienten Gefühlen haben. Er lässt sie in der Beziehungsgestaltung ‚mitschwingen', so kann er sie in Form von Achtung und Wertschätzung für sein Gegenüber einbringen. Der ‚Hirte' bleibt in der beruflichen Rolle, wenn er versteht, was der Patient fühlt und erlebt.

– durch den ‚Deuter' (den der Patient sogar zum ‚Propheten' macht). Dieser ist fähig, *die Bedeutung zu ermessen,* die eine Information, eine Diagnose, eine Behandlung für den Patienten hat. Er ist fähig, patientenorientiert zu denken, d.h. auf das feed-back des Patienten zu achten und so die Beziehung, so gut es geht, partnerschaftlich zu gestalten.

– durch den Ritual-Träger. Der ‚Liturge' im Arzt weiß um die Bedeutung von rituellen Handlungen und *ritueller Kommunikation* in Beziehung zu den Patienten und ihren Angehörigen (vgl. Haferlach 1994, 64 ff). Alltags- und Visitenrituale sind wichtig für die Beziehungsgestaltung mit Patienten, die selbst mit dem System nicht vertraut sind und die zudem durch ihre Krankheit in ihrem Denken, Fühlen, Tun oft verunsichert sind und nach Sicherheiten Ausschau halten. Auch bei bewusstseinseingeschränkten Patienten, erst recht bei Sterbenden, deren physische Kräfte nachlassen, bei denen ‚nichts mehr zu machen ist', bringt der regelmäßige Besuch etwas von der ‚guten Ordnung der Schöpfung' mit („alles ist gut", P.L. Berger).

Die Professionellen fallen nicht aus der Rolle, wenn sie die positiven Anteile ihres Schattens aktivieren und auf dessen Ebene senden und empfangen. Dann wird *der Schatten als Helfer* eingesetzt, um Menschen in Not, Verunsicherung, Unterbrechung ihres Lebens fachlich und zugleich menschlich angemessen zu begegnen. Nur so kann der Mediziner seine Grundaufgaben in Bezug zur Person des Patienten erfüllen (Hiddemann 1997):

- sachliche Information
- Einschätzung der Tragweite der Information
- Einschätzung der Grenzen des Ertragbaren
- Verständnis für Fragen und Gefühle des Patienten
- Verständnis für die Wertmaßstäbe und inneren Ressourcen des Patienten, um seine Autonomie achten zu können.

3.2 Was heißt das für die Situation am Krankenbett?

Wenn Seelsorge beim konkreten Patienten und seinen Angehörigen dem Arzt begegnet und in Begleitung und evtl. Entscheidung einbezogen ist, dann treffen zwei verschiedene Systeme aufeinander: Der Arzt ist hauptsächlich angefragt im ‚Denken – Tun‘, der Seelsorger im komplementären ‚Fühlen‘ – oder ‚Begleiten – Verstehen – Segnen‘. Verständigung und gegenseitige Hilfe gelingen dann, wenn die *‚anthropologische Mitte‘* gesucht wird: d*er Patient*. Also nicht: „Wir müssen nochmal 10 Bluttransfusionen machen“, weil der (sterbende) Patient so viel Blut verliert, sondern: Wer ist der Patient? Was bedeutet das für ihn, was bedeutet das für seine Angehörigen? Was bedeutet das z.B. für die *eine* Tochter, während es für die *andere* etwas anderes bedeutet? (Die eine Tochter kann ihn sterben lassen, die andere ist darüber entsetzt) ...

Medizin und Seelsorge müssen dann eventuell für einen Augenblick aus ‚ihrem System‘ herausgehen, den Blick auf den Patienten, seine Lebensgeschichte, seine Werte, sein Lebensgeheimnis werfen und sich auf ihn als gemeinsame Mitte beziehen. (siehe Abb. 16)

Einige Beispiele sollen das verdeutlichen:

- Die Angehörigen sind jetzt schon eine Nacht und einen Tag bei der Patientin, die kaum noch bei Bewusstsein ist, die unruhig Arme und Beine bewegt. „Das kann man doch nicht mitansehen, kann man da nicht eine Spritze zur Erlösung geben?“

Der Seelsorger vergewissert sich draußen beim Arzt, ob die Schmerzen unter Kontrolle sind. Drinnen am Krankenbett erzählen die Angehörigen, dass die Patientin immer eine sehr dynamische, aktive Frau ‚war‘ und auf ihre Selbstständigkeit ‚stolz war‘.

Im Gespräch entsteht das Bild: Diese Frau gibt ihr Leben nicht so einfach her, dieses Sterben ist wohl Ausdruck auch ihres Lebens. Wenn wir das mit ‚ansehen‘ (müssen) dann entdecken wir etwas von der ‚Selbstdeutung‘ der Patientin und können ihr damit auch in diesem Zustand ‚Ansehen‘ geben.

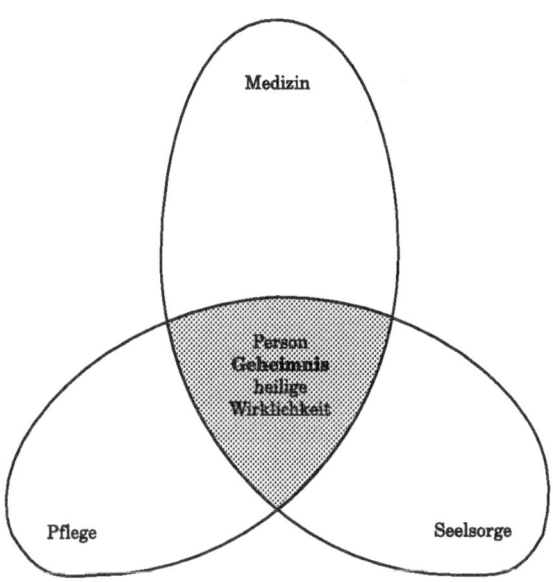

Abb. 16: Das ,Geheimnis' als Mitte aller Dienste

- Ein Patient stirbt schon seit Wochen. Ein junger Arzt meint: „Seine Frau kann ihn nicht loslassen." Er kann sich nicht vorstellen, dass die beiden „jeden Augenblick dieses (langsam verlöschenden) Lebens miteinander teilen" wollen, wie die Ehefrau sagt. Die Ärzte akzeptieren diese Haltung schließlich, der Patient stirbt bei Bewusstsein, zu *seiner* und ,ihrer *gemeinsamen'* Zeit.
- Die Ärzte und Pflegenden auf einer Intensivstation haben beschlossen, die Beatmung der alten Patientin erst nach Mitternacht abzustellen. Dann ist ihr achtzigster Geburtstag, auf den sie sich so gefreut hatte und den die Familie groß feiern wollte. Um Mitternacht steht eine Abordnung der Familie um ihr Bett, sie feiern den Geburtstag und den Sterbetag in einem.
- Die alten Eltern, die am Bett des durch die Krankheit völlig entstellten Sohnes sitzen, können den Anblick kaum ertragen: „Er war so ein stattlicher, lieber Mann." – Wir hängen ein Bild von ihm aus guten Tagen über sein Bett, sodass er in seinem jetzigen ,Aussehen' bei allen auch ein ,Ansehen' hat.

Die Aufgabe der Seelsorge ist, im Raum der (notwendigen) Objektivierung und objektiven Tätigkeiten mitzuhelfen, den Weg ,über den

Patienten' zu erschließen: Was bedeutet das, was zu tun, zu lassen, zu entscheiden ist, für diesen Patienten im Kontext seiner Lebenswelt? Also:

– denen, die ,tun' müssen, helfen, mit ,Tun' kurz innezuhalten und erst dann, angereichert mit dem Bild vom Patienten, weiterzuarbeiten,
– denen, die mit den medizinischen Konzepten befasst sind, zu helfen, mit ,Denken' kurz innezuhalten, die dann spürbare Rat-losigkeit auszuhalten und im Blick auf die ,Bedeutung' sich Rat zu holen,
– den Fühlern helfen, nicht einfach ,den Gefühlen' nachzugeben (im äußersten Fall: eine ,erlösende' Spritze geben zu wollen), sondern sie zu nutzen, um den Patienten besser zu verstehen.

3.3 Den Kompass neu ausrichten

Im Feld des vom System verlangten Denkens und Tuns muss Seelsorge allerdings auch sorgfältig mit ihrer christlichen Symbolisierung umgehen. Diese muss sich anthropologisch erden lassen. „Alles wirklich Anthropologische muss theologisch sein und umgekehrt" (Borobio 1978, 121). Seelsorge muss sich fragen, ob sie in der Verständigung mit den Medizinern diesen Weg über die ,Anthropologie' zu gehen bereit ist und ob sie zum Beispiel ihrerseits ihre Riten situationsbezogen und verständlich zu füllen bereit ist, damit sie von den Menschen dieser Zeit – also auch von Ärzten und Pflegenden – verstanden werden. Nicht die anderen Dienste werden sich bemühen, *uns* zu verstehen, sondern *wir* werden uns bemühen müssen, dass wir verständlich sind. Seelsorge muss auf das Feld, das von Denken und Tun beherrscht ist, gehen können, um anschlussfähig mit ihrem Begleitungs- und Symbolverständnis zu sein.

Im Modell vom Drei-Pass lässt sich die Anschlusssuche anschaulich machen: Während somatische Medizin, Pflege und Institution die Aufgabe haben, auf Krankheit und Störungen mit ,Denken' – ,Tun' und (nur inoffiziell, sozusagen als Privatproblem der Rollenträger) ,Fühlen' zu reagieren, ist das Reaktionsbild der Seelsorge nach einem anderen ,Kompass' ausgerichtet: Sie geht in die Zwischenräume und arbeitet so ,verdreht' zu den klinischen Rollen. Seelsorge kommt mit ihrem Selbstverständnis, organisationell gesehen, von ,außen' in eine Binnenstruktur, die von anderen besetzt ist. Also muss Seelsorge ihren ,Kompass' an der Grundorientierung dieser

Struktur ausrichten und bereit sein, sich in einer Ellipse zu verstehen. (siehe Abb. 17)

Wenn schon die ‚Zeiger‘ der anderen Berufe durch die Organisation festgelegt sind, Seelsorge ist in ihrem System beweglich; sie muss sich, weil vom Anspruch her anthropologisch offen, auf jeden Fall bewegen können – und dies auch immer wieder tun.

In der Ellipse der Zusammenarbeit gelingt Beziehung nur dann, wenn ich frage: Wo sind die anderen? *Sind die auch da*, wo ich bin – oder bin da nur *ich*? Auch das Deutesystem der Seelsorge muss in Beziehung gehen und dort geerdet sein. Das geschieht in der unmittelbaren Begegnung mit dem Patienten, mit den Angehörigen, mit dem Personal, aber auch in der ethischen Diskussion, in der gemeinsamen Fallbesprechung, in der Fortbildung, beim Kongress, bei Wochenenden für Medizinstudenten ... Natürlich weiß auch eine reflektierte Medizin darum, dass ihr ‚Zeiger‘ drehbar sein muss. Eine Beziehungsmedizin, eine anthropologische Medizin haben den Anspruch, sich auf das System des Patienten, der Angehörigen aber auch der anderen Dienste in der Klinik einzustellen, ohne dass gleich das Rollengefüge zusammenbricht. Im Gegenteil: Die Dynamik in der Ellipse *setzt auch Energie frei*, die für die *Sinnerfüllung in medizinischen Berufen* unbedingt gebraucht wird.

Aber auch die vierte Dimension ist Teil einer anthropologischen Medizin: die zunächst noch *offene ‚Mitte‘ im Drei-Pass*. Diese zu achten

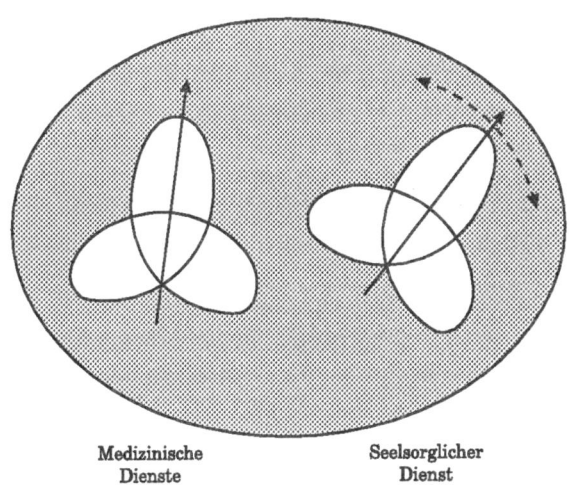

Medizinische   Seelsorglicher
Dienste   Dienst

Abb. 17: Die Kompassnadeln aneinander ausrichten

und nicht auszublenden oder wegzuargumentieren, das ist Aufgabe aller therapeutischen Berufe. Für die *weitere* Erschließung und Vertiefung des inneren Sektors, die Möglichkeit der spirituellen Deutung, ist dann wieder die Seelsorge mit ihren spezifischen Methoden, mit ‚Begleiten – Verstehen – Begehen‘ zuständig.

Im Modell von den beiden sich ergänzenden Drei-Pässen müsste – aus der Sicht der Seelsorge – das Rollenbild für den Arztberuf um die Zwischenfunktionen ergänzt werden (siehe Abb. 18 und Abb. 19). Der Arzt, die Pflegekraft *müssen* nicht die christliche Deutung übernehmen. Aber sie müssen ihrerseits ‚das Geheimnis‘ offen lassen, damit es mit einer spirituellen Deutung gefüllt werden kann. Die religiöse Aufgabe des Arztes, der Schwester besteht zunächst nicht darin, dass sie selber religiöse Deutungen bezeugen – das gehört nicht zu ihrer offiziellen Rollenzuweisung. Vielmehr müssen sie es *dem Patienten ermöglichen, die eigene Lebensdeutung vorzunehmen* und diese bekräftigen oder (auch kritisch) begleiten.

Mediziner sagen selbst, dass es eine „anthropologische Medizin" (z.B. Gallmeier a.a.O.) braucht, in der auch die Sinnfrage gestellt werden kann. Letztlich können aber auch nur *der Arzt* und *die Pflegeperson* ihrem Beruf einen Sinn abgewinnen, die auch dann (noch) ‚jemand sind‘, wenn die Konzepte und Handlungen der Medizin nicht mehr greifen, zwecklos, also in gewisser Weise ‚Sinn‘-los geworden sind; die also selbst ihre Aufgabe in einen größeren Horizont

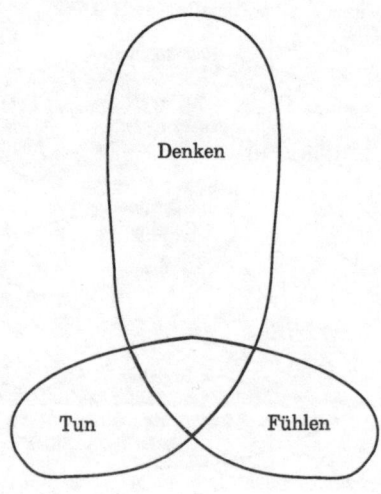

Abb. 18: Überholungsbedürftige Rollenzuschreibung für die somatische Medizin

116

stellen, als die offizielle Rollenzuweisung vorsieht. Im Gegenzug muss Seelsorge (und Kirche in der Gesellschaft) im Raum von Medizin und Klinik ‚das Geheimnis‘, die ‚heilige Wirklichkeit‘ in Erinnerung bringen. Der Medizin und den Ärzten wird eine fast unbegrenzte Macht über den Tod zufantasiert. Ärzte werden zu ‚Priestern der Neuzeit‘, die „Ewiges Leben“ vermitteln (Eibach 1994).Die oben beschriebenen *seelsorglichen* Rollen des Arztes ‚Hirte – Deuter – Priester‘ sind ja nicht nur Projektionen der Patienten. Die naturwissenschaftliche Medizin als ‚Gesundmacher‘ nimmt diese Erwartungshaltungen ja ihrerseits auf, nährt sie und jagt hinter dem neuesten Wissen her, um diese Allmachtsvorstellungen am Leben zu erhalten. Nur im Bewusstsein, dass ihm ‚das innerste Geheimnis‘ zugleich entzogen bleibt, aber auch, dass er darauf be-zogen ist, gelingt dem Therapierenden die doppelte Aufgabe:
- die Fantasien bezüglich der Macht über den Tod zu begrenzen, sich nicht mit dem Archetyp zu identifizieren und so dessen gefährlichem Schatten zu verfallen und

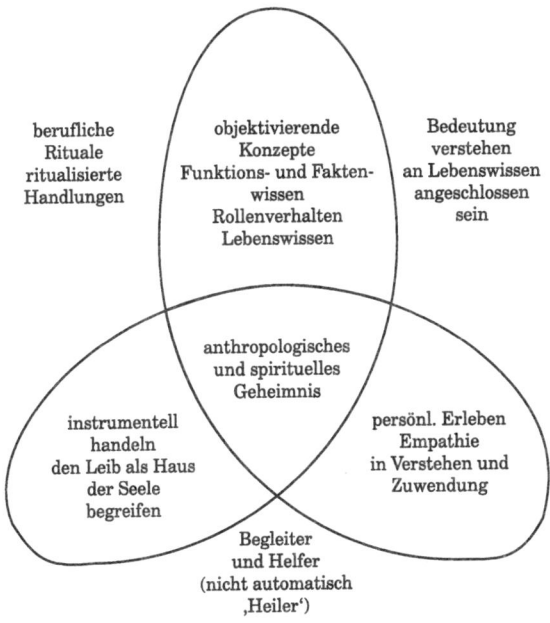

Abb. 19: Anthropologische Medizin die alle Sektoren in Balance zueinander hält

– die von den Archetypen gespeisten Rollen aus dem Schatten zu befreien, sie positiv aufzugreifen und zum Wohl der ihnen Anvertrauten einzusetzen.

Mediziner, die nur über ‚Denken‘ und ‚Tun‘ definiert werden, ‚dürfen‘ und ‚können‘ in ihrem System *nicht scheitern*. Erst wenn Mediziner aus diesem allein dominierenden Konzept herausgehen und ihre Zwischenfunktionen aus dem Schattendasein befreien, werden sie zu Ärzten, die auch das Scheitern ihrer Konzepte und ihrer persönlichen Bemühungen annehmen und Patienten auch jenseits naturwissenschaftlicher Konzepte noch begleiten können. Dieser Erfahrung stellt sich z.B. die Palliativmedizin. Während noch vor wenigen Jahren zu beobachten war, dass „austherapierte Patienten allein den Pflegekräften gehörten“, so betrachten es heute viele Ärzte als ihre Aufgabe, Patienten auch in ihrem Sterbeprozess aufzusuchen. Oft sind beim Sterbenden nur kleine Handgriffe zur Linderung und Erleichterung notwendig, deren Bedeutung für den Patienten der Arzt mehr versteht als die in Anatomie und Physiologie wenig kompetente und auch nicht zuständige Seelsorge. Die in der Palliativmedizin erarbeiteten Konzepte gewinnen zunehmend an Bedeutung auch im normalen Krankenhaus.

3.4 Folgerungen für den ethischen Dialog

Im Zusammenhang dieser Überlegungen sollen nur kurz Folgerungen für die ethische Dimension skizziert werden, die sich aus dem Modell vom Drei-Pass ergeben.

1. Theologie und Seelsorge müssen sich damit auseinandersetzen, dass *eine liberale Gesellschaft* ihre ethischen Maßstäbe zwar noch aus christlichen Grundbeständen ernährt. Aber die immer weiter fortschreitende faktische Abkoppelung von diesen religiösen und kulturellen Wurzeln erlaubt es nicht mehr, sich in der säkularen Institution Klinik unmittelbar auf christliche Grundsätze zu berufen. Seelsorge kann in der konkreten Entscheidung am Krankenbett nicht einfach christliche Grundpositionen radikal vertreten und ethische Höchstleistungen (‚Werke der Übergebühr‘) einfordern. Anschauliche Beispiele dafür sind: Organspende („sein Leben geben für andere“), Lebendspende von Organen („sein Leben geben für die Freunde“), zu erwartende Geburt eines schwer behinderten Kindes (‚Pflicht‘ zur Annahme), Schmerzen bewusst aushalten (das Leben

auch mit seiner schmerzhaften Seite annehmen), sich bewusst mit der Wahrheit des Sterbens auseinandersetzen ... Das oben für die Zusammenarbeit mit der Medizin Gesagte gilt auch hier: Seelsorge kann offizielle kirchliche Positionen im konkreten Fall nur vertreten, indem sie ihre *Positionen anthropologisch begründet und zugänglich macht.* Das geht in der Praxis nur, indem sie sich mit den Medizinern zusammen auf die Lebensentwürfe und den Lebenssinn der Betroffenen bezieht und sich im Gespräch vermittelt. Der Entscheidungsweg aller Beteiligten muss über das ‚Person-Geheimnis‘ des Patienten führen. Letztlich muss Seelsorge auch Patienten begleiten und radikal ernst nehmen, die ihre Lebensentscheidungen anders begründen als aus christlichen Lebensregeln: Wer nicht an einen Schöpfer glaubt, wird existenzielle Fragen über Leben und Tod anders beantworten als ein gläubiger Mensch. Seelsorge muss sich auch fragen, ob sie ethische Höchstleistungen fordern kann, die man nur besteht, wenn man in Tod und Schicksal Jesu Christi und in der Auferstehung seine Hoffnung begründet und so einen Weg der Bewältigung für sich selbst sehen kann.

2. In der Kooperation mit Medizin und Pflege ist es wichtig, dass Seelsorgende sich zuerst *fachlich über die Begründung von Entscheidungen* von ärztlicher und pflegerischer Seite informieren. In der konkreten beruflichen Entscheidung ist Ethik nur dialogisch zu verwirklichen, nur in Nachfrage und Verstehen-Wollen. Dann erst kann Seelsorge ihre Einstellung dazufügen und den Dialog weitertreiben. Auch die medizinisch Tätigen handeln ja wohl auf Grund von bestimmten Heilungsabsichten und Bewertungen, und die gilt es genauso ernst zu nehmen wie ihre fachlichen Gesichtspunkte. Die Betonung einer ‚Ethik im Dialog‘ will nicht negieren, dass Seelsorge eine prophetische Aufgabe hat, die auch ein Selbstbewusstsein aus prophetischer Beauftragung verleiht. Aber der ‚Prophet‘ muss mit dem ‚Hirten‘ und dem ‚Weisen‘ in Verbindung stehen, um nicht selbstherrlich und überheblich zu agieren und um nicht allzu simplifizierend vorneweg- oder dazwischenzureden.

3. Die Krankenhausmedizin naturwissenschaftlicher Prägung trägt in sich die Tendenz, die Grundfunktionen ‚Denken – Fühlen – Tun‘ – aus der Endlos-Schleife herauszunehmen und je für sich isoliert einzusetzen. Das hat Folgen für das ethische Handeln:
– Aus rein objektivem ‚Denken‘ heraus hat Krankheit nur Störungs- und Schadenscharakter („Wer hat denn an so etwas ‚ge-

dacht' "). Rationalistische Medizin wird schnell und rationell Störungen beseitigen müssen.

- Aus reinem ‚Fühlen' heraus lassen sich ethische Entscheidungen nicht begründen (z.B. aus Mitleid töten: „Das kann man doch nicht mitansehen")
- Aus reinem ‚Tun' heraus wird aus Ethik Pragmatismus („Was soll man anders machen?") oder Aktionismus („Wenn wenigstens etwas getan wird" oder: „Da kann man doch noch etwas machen").

Auf diese Weise wäre medizinisches Handeln ethisch blind. Erst die Verbindung von Denken – Fühlen – Tun wie im Drei-Pass schließt die Funktionen aneinander an und stellt sie gemeinsam der Ethik für bewusste Entscheidungen zur Verfügung. – Aber auch eine Ethik, die nur einer system-immanenten Logik folgt, ist letztlich orientierungslos, wenn sie sich nicht *an ein ‚unverfügbares Geheimnis'* *verwiesen* weiß. Dieses Geheimnis auszulegen und es in Erinnerung zu bringen ist Aufgabe der Religion. Aufgabe der Seelsorge ist dann, im konkreten Fall *die Anbindung* an dieses Geheimnis transparent zu machen und dies auch einsehbar zu vermitteln. Sie muss überzeugend die dann entstehende Spannung zwischen Macht und Ohnmacht, drohender Sinnlosigkeit und Unverfügbarkeit, unendlichem Anspruch und endlichem Leben im Blick auf das Schicksal des einzelnen Patienten durchleiden und mittragen.

Konkret heißt dieses ‚Erleiden', dass es auch in der Organisationsstruktur der klinischen Medizin offen gehaltene ‚Räume' geben müsste, in denen Ärzte, Pflegende und ergänzende Dienste nicht nur *die großen und spektakulären Themen der Ethik* (zur Zeit sind dies Organentnahme und Hirntod, biomedizinische und genetische Technik, Therapie-begrenzung und -abbruch) diskutieren können. Grundlegend für den ärztlichen und pflegerischen Dienst sind auch *die ‚kleinen Themen'* der Ethik: Verarbeitung von Belastung, Grenzerfahrung, Begegnung mit Leid und Trauer, Umgang mit schwierigen Patienten, Konflikte untereinander, Aggression, Versuchung zum Machen, Erfahrung von Niederlagen, Umgang mit eigenen und fremden Fehlern … Alle diese Themen *entstehen* zwar *durch die berufliche Tätigkeit* (die ständig an Lebensgrenzen arbeitet), *werden aber zu persönlichen Problemen der Mitarbeiter erklärt* und ihrer persönlichen Einstellung und Verarbeitung überantwortet. Eine solche Definition von Ethik ist privatistisch; sie geschieht beziehungs- und gedankenlos und sicher in der Absicht, einen reibungslosen Ablauf des Betriebes zu ermöglichen. Bei einer beruflichen Verarbeitung könnten die handelnden Personen die ‚große Ethik' in Alltags-Ethik verwandeln und sich so aufmerksam und kompetent auch für die großen Themen machen. Hier hat Seelsorge einen genuinen Ort für ihre Mitarbeit – bei aller Begrenztheit in personeller und zeitlicher Hinsicht. *Seelsorge wird immer nur punktuell zur Verfügung stehen können,* solange nicht eine Struktur systematischer Kommunikationswege von den Krankenhäusern selbst aufgebaut und in die Organisation eingefügt wird.

4. In diesem Zusammenhang ist auch die berufs- und organisationspolitische Forderung zu erheben, dass die *'Berufsethik' ein grundsätzliches Thema in der Aus- und Fortbildung aller therapeutischen Dienste* sein muss. Z.B. ist in der Krankenpflege-Ausbildung die Berufsethik in vielen Pflegeschulen den großen Kirchen und der Krankenhausseelsorge anvertraut. Die Tatsache, dass die Seelsorge nur für eine bestimmte Stundenzahl zur Verfügung steht, wird damit automatisch zum Maßstab für den Umfang des berufsethischen Unterrichts überhaupt. Längst müsste für jede Berufsgruppe mehr getan werden als nur Psychologie-Unterricht (der inzwischen zur Mediziner-Ausbildung – allerdings nur in der Vorklinik! – gehört). Die Berufsethik muss 'säkular' organi- siert werden, das heißt, es muss ein ethisches Curriculum entwickelt werden, *basierend auf der Berufserfahrung der jeweiligen Dienste.* Dabei kann und sollte die Seelsorge ihre ethische Reflexion und Kompetenz zur Verfügung stellen und wesentlich mitarbeiten. Es darf aber nicht allein eine Sache der kirchlichen Seelsorge bleiben, den Mangel an ethischer Aus- und Fortbildung aufzufangen. *Die Fachbereiche selbst* müssen für ihre ethischen Kompetenzen ebenso sorgen, wie sie das für ihre reine Fachkompetenz tun.

4. Das Leitbild: Bedeutung für den Pflegebereich

4.1 Seelsorge und Pflege

Nachdem die Schnittstelle Medizin-Seelsorge nach dem Modell ‚Denken – Fühlen – Tun' ausführlicher betrachtet wurde, soll die Anschlussstelle zur Pflege nur kurz noch skizziert werden. Dieses Begegnungsfeld ist vielfältig reflektiert und in der Praxis erschlossen. Grundsätzlich muss sich Seelsorge immer wieder daran erinnern, dass sie nicht der einzige Beruf mit ganzheitlichem Anspruch im Krankenhaus ist. Diese Ausrichtung haben auch Sozialarbeit, Krankengymnastik, psychologischer Dienst, Logopädie, Hebammen, Ergotherapeuten ... und längst auch wieder der Pflegedienst.
Galt der Pflegebereich noch bis in die 70er-Jahre des 20. Jahrhunderts tendenziell als ‚medizinischer Handlangerdienst', so ist er ab den 80er-Jahren dabei, sich gegenüber dem naturwissenschaftlichen Modell der Medizin zu emanzipieren. Je mehr die Medizin der letzten hundert Jahre zu einer technisch gestützten, wissenschaftlichen Disziplin wurde, desto mehr entwickelte sich die Pflege im Dienst eines gut organisierten Klinikbetriebes zur reinen ‚Funktionspflege'. Pflege war dadurch eher an Defiziten und Krankheiten orientiert als an den Bedürfnissen und Fähigkeiten des kranken Menschen. Demgegenüber baut der Pflegebereich inzwischen ein eigenes – wesentlich erweitertes professionelles Selbstverständnis auf und zunehmend aus.

1. Begegnung am Krankenbett
In der Organisationsstruktur Krankenhaus begegnen Seelsorger auf Grund der zugewiesenen Rollen und der Arbeitsteilung den Krankenschwestern viel häufiger als den Ärzten. Während Ärzte ihre Funktionen und damit ihre Anwesenheit am Krankenbett wesentlich mehr objektivieren (können und weitgehend auch müssen) und den Kranken nicht unbedingt als Leidenden wahrnehmen (müssen), sind die Pflegenden Anwälte der Patienten. Ihnen fällt nicht nur die Leib- sondern auch die Gefühls- und Beziehungsarbeit zu.
Definitionsgemäß stehen sich also Pflege und Seelsorge näher. Dennoch gilt vieles, was im Abschnitt Medizin und Seelsorge entwickelt wurde, auch für die Pflege-Seelsorge-Beziehung.
Eine wesentliche Schnittmenge macht die ‚Übersetzungsarbeit' aus, die zwischen Patient, Angehörigen, Pflegenden, Medizinern, Seelsor-

gern, Sozialarbeitern ... geleistet werden muss. Dabei ist Seelsorge der Pflege gegenüber in gleichem Maß *Übersetzungshelfer* wie *Botschaftsempfänger*. Auch hier, wie bei der Medizin, geht es darum, die Symbole und Lebensthemen der Patienten und Angehörigen in das ‚Denk-Fühl-Tu'-System der Rollenzuschreibungen zu übertragen und umgekehrt. Ebenso teilen Pflegende dem Seelsorger ihr Erleben mit dem Patienten und seine Symbolisierungen mit („Er hat gesagt, er will nicht mehr." „Frau X isst und trinkt nichts." „Das ist aber ein schwieriger Patient." „Die Patientin Y ist seit Tagen sehr depressiv."), so dass Seelsorge sich ein Bild machen kann. Dabei hat Pflege ein reichhaltiges Feld, den Patienten zu erleben und eine Vielfalt von Situationen und Wahrnehmungen, in denen Symbolisierungen aufscheinen oder geäußert werden können. Der Patient deutet seinen Zustand in ganz alltäglichen (der Pflege mehr als der Seelsorge zugänglichen) Erfahrungen („Wenn ich Hilfe beim Klo-Gehen brauche, dann bin ich nichts mehr wert"). Der Pflege stehen wesentlich mehr Symbolisierungssituationen zur Verfügung als der Seelsorge. Auf den Austausch darüber ist Seelsorge prinzipiell angewiesen, will sie nicht am Körperlich-Sinnlich-Sozialen vorbei begleiten und ihren religiösen Auftrag zu erfüllen suchen.

2. Begegnung in der Fortbildungsarbeit

In der *Fortbildungsarbeit*, die Seelsorge für Pflegende anbietet, kann es nicht nur um die Themen ‚Sterben' und ‚Tod' gehen: „Was sage ich, wenn der Patient vom Sterben spricht?" Ein wichtiges und grundlegendes Medium der Begleitung und der Berufsethik ist die Gesprächsführung als Grundlage für die Beziehungsgestaltung zwischen Patient und Pflegenden. Das Thema Gefühlsarbeit und Gefühlsverarbeitung ist ähnlich wie beim ärztlichen Dienst kein direktes Schulungsziel; zu schnell werden Rollen überfordert und Pflegende in Konflikt mit ihrer Rolle gebracht, wenn sie nur auf Gefühle trainiert werden.Eine geeignete Struktur für die berufliche Kompetenz im Gefühlsbereich ist eher Fallarbeit, aber auch Gesprächsführung: Jeder im therapeutischen Beruf kann dann seinen persönlichen Lieblingskanal ins Spiel bringen, der es ihm ermöglicht, Gefühle zuzulassen und sich auch zu schützen.

- In Seminaren mit Pflegenden erwiesen sich z.B. bestimmte Funktionsdienste (Ernährungsberatung, Endoskopie-Schwestern) auf den ersten Blick als sehr eingeschränkt in der Themen- und Beziehungsgestaltung. Als dann aber die *Bedeutungen* von z.B. Ernährung, Magenuntersuchungen ins Spiel kamen, taten sich hin-

ter ,Schlauchschlucken', ,Pumpen', ,Sonden' ... ganze Bedeu-
tungswelten auf: Lebens- und Essensgewohnheiten, Lust auf ...,
Lieblingsessen, Hunger, Hilfsbedürftigkeit beim Essen, Baby-
Nahrung, Lebenssehnsucht ...
Für die Erschließung des (oft noch verbleibenden) Lebens, für die
pflegerische Beziehungsgestaltung selbst ist das ,*Training in Bedeutung*', das heißt Erschließen der verschlüsselt geäußerten Botschaften des Patienten und des im Symbol Mitgemeinten, ein wichtiges
Fortbildungsziel. Solches Verstehen-Können führt auch zu mehr Be-
rufszufriedenheit und Sinnerfüllung im Beruf. – Aber auch vom Pflegebereich selbst gehen wichtige Impulse aus, die die Bedeutungsdi-
mension auch für die anderen Berufe aufgeschlossen haben. Wenn
Pflegende ,basale Stimulation' anwenden, bei Wahrnehmungs-einge-
schränkten Patienten deren ,Kommunikationskanäle' herausfinden,
davon ausgehen, dass Patienten im Koma hören und wahrnehmen,
durch den täglichen Umgang ahnen, was künstliche Beatmung für
den Patienten bedeutet ..., dann kann auch der instrumentenlose
Seelsorger Wichtiges von diesem Beruf lernen.

4.2 Ein Drei-Pass für die Pflege

Ärzte und Pflegende arbeiten oft im Zwischenbereich zwischen Leben und Tod, Krankheit und Gesundheit, Schon und Noch-Nicht,
Macht und Ohnmacht. Dafür gibt es keine objektivierende medizinische Sprache. Die Sprache im Zwischenbereich gilt es miteinander
zu finden und so die Grenzbereiche dieser Dienste (und die der Patienten) begehbar und benennbar zu machen. Das ermöglicht auch die
Erfahrung, im ,Denken' vielleicht *rat-los*, im ,Tun' *macht-los*, im
,Fühlen' *trost-los* zu sein (weil diese Grundfunktionen bei Leiden
und Sterben ihre Grenzen haben), *in den Zwischenräumen jedoch beruflich und menschlich kompetent zu bleiben.*
Im Drei-Pass ist das in Überholung begriffene Bild der Pflege (und
damit der Beziehungsmöglichkeiten der Seelsorge) schematisch mit
einem übergroßen Tu-Sektor darzustellen. (siehe Abb. 20)
Etwa in den letzten zwanzig Jahren findet eine Neuorientierung der
Pflege statt. Zunehmend wird das alte Modell durch eine ganzheit-
lich-fördernde ,Prozesspflege' abgelöst: Pflege orientiert sich an den
physischen, psychischen, sozialen Bedürfnissen der Patienten und
ihrer Bezugspersonen und gestaltet diesen Prozess in eigener Ver-
antwortung und mit eigenem professionellen Verständnis. Zusam-

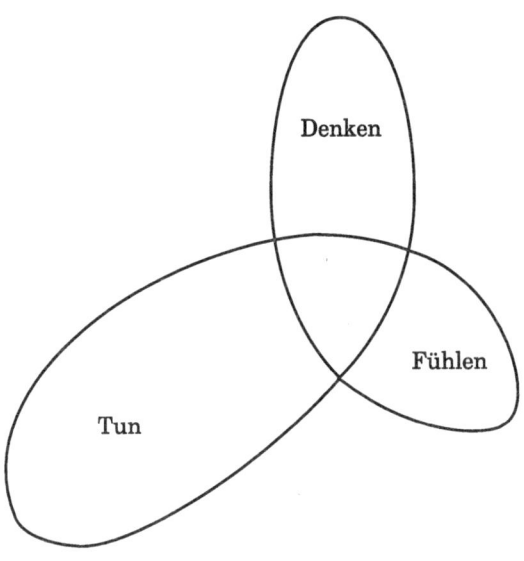

Abb. 20: „Funktionspflege": ein übergroßen Tu-Sektor

men mit den Zwischenfunktionen aus seelsorglicher Sicht ergibt sich daraus das folgende Bild:

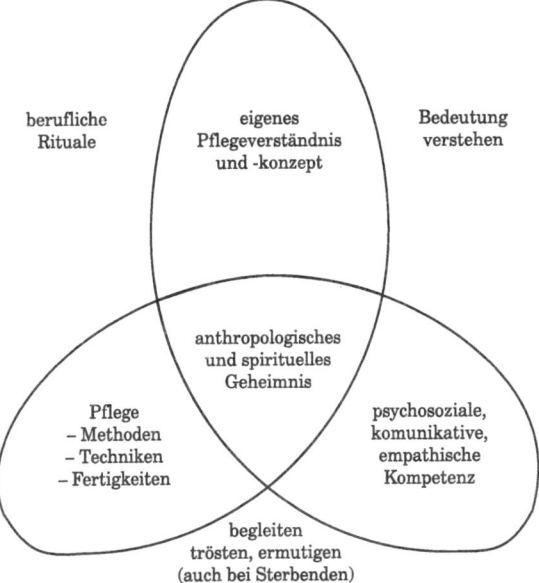

Abb. 21: Anthropologisch fundiertes Pflegemodell

Eine Zwischenfunktion im Drei-Pass wird noch wenig beachtet und ist nur in Ansätzen entwickelt: *die beruflichen ‚Rituale'*. Dabei sind sie sowohl für den Pflegebereich als auch für den ärztlichen Dienst wichtig. Auch hier ist, wie bei den seelsorglichen Ritualen zu unterscheiden zwischen:

- ritualisierten Alltagshandlungen
- bewusst eingesetzten Ritualen und
- einer gewissen Ritenkompetenz über das medizinisch-funktionelle Verhalten hinaus.

Beruflich Tätige machen sich oft zu wenig bewusst, dass sie selbst ‚ritualisiert' handeln und dass es fördernde, tröstende, Sicherheit gebende Rituale gibt, aber auch nicht-hinterfragte, einengende und stereotype Reaktionen und Automatismen im Verhalten und in der Begegnung mit Patienten. Sicher haben ein gewisser Modernisierungseifer („alte Zöpfe abschneiden", „Sagen Sie ruhig meinen Vornamen", „Sie brauchen nicht Herr Doktor zu sagen ...") und der Reorganisationsdruck („Dafür haben wir keine Zeit") in Medizin und Pflege zur Vernachlässigung und Abwertung dieser Verhaltensdimension beigetragen. Dabei ist es für Patienten und Angehörige in fremder Umgebung und in der ihnen selbst fremden Lebenssituation wichtig, dass *wiedererkennbare Verhaltensformen* ihnen helfen, sich zeitlich, räumlich und sozial zurechtzufinden: durch Begrüßungs-, Erlaubnis-, Wiedererkennungs-, Bestätigungs-, Verabschiedungsrituale. Dies gilt in ganz besonderer Weise für sinnlich und bewusstseinsmäßig eingeschränkte Patienten (das müssen sich auch Seelsorgende mehr bewusst machen), es gilt aber auch, wenn die Professio- nellen den Patienten wie selbstverständlich und scheinbar routinemäßig berühren, entblößen, anfassen und in seine Intimsphäre eingreifen. Bewusst eingesetzte Rituale können neutral erscheinende Alltagshandlungen in Brücken der Verständigung, der sozialen Sicherheit und des Vertrauens verwandeln (vgl. z.B. Haferlach 1994, 64–81).

In die Nähe der seelsorglichen Rituale kommen Verhaltens- und Handlungsmöglichkeiten in besonderen Krisen- und Übergangssituationen im Krankenhaus. Auch die mit dem ‚Machen' beauftragten Berufe im Krankenhaus brauchen eine gewisse *Ritenkompetenz*, die sie befähigt, im Nicht-Machbaren nicht in Aktionismus oder Hilflosigkeit zu verfallen und dennoch handlungsfähig zu bleiben. Dazu gehört sicher im Krankenhaus einer multikulturellen Gesellschaft ein Wissenrepertoire über ‚Riten und Bräuche der Konfessionen und Religionen am Sterbebett', die heute in vielen Büchern zur Pflegeausbildung zu finden sind (z.B. Juchli 1994, 534ff,Gestrich 1991, 106ff, Becker u.a. 1987, Bd. I).

Es geht aber um mehr: Pflegende und Ärzte *müssen* nicht in religiösen Riten oder Ritualen kompetent sein, die ihnen kulturell nicht zugänglich sind. (Seelsorger müssen einräumen, dass dazu inzwischen auch die Nottaufe gehört, die früher von allen Pflegenden ‚gewusst' wurde, auch Krankenkommunion und Krankensalbung, die früher von den Schwestern vorbereitet wurden.) In Fortbildung und Kooperation auf Station müssten Seelsorger und Pflegende *einfache Verhaltensweisen* entwickeln, *die als Rituale menschlich gut nachvollziehbar sind* und doch zugleich etwas vom Geheimnis des Lebens widerspiegeln können. In der Krisensituation am Krankenbett bedarf es der Person, die für einen kurzen Augenblick ‚Leitung' für alle Betroffenen (einschließlich ihrer selbst – auch Professionelle sind in solchen Augenblicken ‚Mit-Betroffene') übernehmen kann.

Solche Rituale gibt es in Kliniken seit längerem bei Geburt, Totgeburt, Fehlgeburt, Frühgeburt und baldigem Tod nach der Geburt. Zu den Ritualen im weitesten Sinn gehört neben der Visite das Anamnese-Gespräch bei der Aufnahme der Patienten. In manchen Häusern wird etwas *Ähnliches auch bei der Entlassung* praktiziert. Unbedingt notwendig sind *Rituale bei der Verabschiedung eines Toten.* Es ist sicher lohnend, diese Situation nicht nur auf die spezifisch kirchliche Praxis der Seelsorge hin, sondern auch auf die Möglichkeiten von Ärzten und Pflegenden hin zu betrachten und Hilfestellungen dafür zu erarbeiten. Aber auch den Pflegenden selbst tun Rituale gut, die sie in besonders bewegenden Fällen auf Station zur Verfügung haben und sei es nur im Sozialraum beim Kaffeetrinken, wobei man noch einmal die Zeit mit dem gerade entlassenen Patienten vorüberziehen lässt, Komisches, Ärgerliches, Lustiges und Schönes erinnert und so den Patienten auch innerlich ‚entlässt'. Seelsorge hat hier einen ihr gemäßen Auftrag, die fachlichen Spezialisten, die am Ort des Geschehens sind, zum ‚diakonalen Dienst' zu ‚salben' (H. Duesberg), sodass diese *in ihrem säkularen Beruf auch dem Hintergrund von Leben und Tod Gestalt geben* können und dafür Zeichen haben. Das macht Seelsorge nicht überflüssig, fügt sie aber in das Gefüge ein, das zum Dienst am Menschen mit seinem Lebensgeheimnis befugt und befähigt ist.

Anhang
Fortbildungsprojekte der Seelsorge für Mediziner und Pflegende

1. Große Ethik – kleine Ethik

In den letzten Jahren wird zunehmend eine ‚Ethik in der Medizin'
nicht nur auf Kongressen diskutiert, sondern auch an einzelnen Universitäten in die Ausbildungspläne für Mediziner aufgenommen. Immer wieder wird von ethischen Curricula berichtet, die Bestandteil
des Studiums sind (vgl. z.B. in der Zeitschrift „Ethik in der Medizin"). Dabei geht es in aller Regel um die Einsicht in ethische Prinzipien und um Probleme der ‚großen Ethik', also um die großen ethischen Themen, die sich an den Grenzfragen des Lebens und auf
Grund immer neuer Möglichkeiten der Medizin ergeben. Derzeit haben z.B. die Themen Sterbehilfe, Hirntod und Organspende, genetische Manipulation Konjunktur. Diese ‚großen' Themen sind zweifellos wichtig und vor allem in der gesellschaftlichen Diskussion
prägnant und drängend.

Im persönlichen Gespräch und in der Fortbildungsarbeit ist aber immer wieder zu spüren, dass Pflegende und Mediziner noch eine andere Grundlegung brauchen, dass es nicht nur um eine rationale
Entscheidungsfähigkeit aufgrund von Prinzipien geht, sondern wesentlich um Basisqualifikationen wie

– Zugang zu den eigenen inneren Einstellungen und Emotionen,
– Zugang zu den unterschiedlichen Motiven und inneren Vorstel-
  lungen der Patienten und Angehörigen,
– Beziehungsgestaltung zwischen Arzt, Pflegepersonen und Pati-
  ent,
– Begegnung mit Grenzen, Endlichkeit und den Tiefpunkten des
  Lebens,
– Aushalten von Spannungen, Niederlagen und Scheitern,
– Aushalten der Spannung zwischen dem Berufsauftrag (Abwehr
  von Störungen, Wiederherstellen der Gesundheit) und der tägli-
  chen Realität (Unvollkommenheit des eigenen Tuns und grund-
  sätzliche Begrenztheit menschlicher Möglichkeiten),
– Vertiefung der beruflichen Rolle und Identität.

Erst wenn die Professionellen auch die *Zone des Nichtmachbaren* an

Krankheit, Leid und Trauer betreten können und sich in dieser Zone mehr und mehr auskennen und bewegen lernen, erst dann haben sie auch persönlich den authentischen Spielraum, um ethische Entscheidungen zusammen mit Patienten und Angehörigen zu treffen. Die Alternative, etwa ein rein objektiver, juristisch abgesicherter Kriterienkatalog (bei dem nur noch alle entsprechenden Messwerte eingetragen werden müssen) würde jede Ethik ad absurdum führen. Bewusstmachung und Training dieser kleinen Ethik der täglichen Grenzbegehung werden in Aus- und Fortbildung der Mediziner und Pflegenden noch weithin übersehen oder vernachlässigt. Hilfreich für diese Schulung sind kommunikations- und verhaltenswissenschaftliche Konzepte und Trainigsangebote, wie sie von Psychologen, Psychotherapeuten und Psychosomatikern zur Verfügung gestellt werden. Es gibt inzwischen auch viele geschulte Seelsorger, die in Fragen der ‚kleinen Ethik‘ eine eigene Kompetenz haben und aus ihrer – der seelsorglichen – Perspektive wichtige Beiträge zur Aus- und Fortbildung leisten können. Schließlich geht es beim Heilungsauftrag von Ärzten und Pflegenden auch um die seelischen und spirituellen Ressourcen der eigenen Persönlichkeit und der der Patienten.*)

So kann der Therapierende z.B. bei Fragen der Diagnosemitteilung, der Behandlung, der Lebensqualität, der Beendigung einer Maßnahme nicht von der existenziellen Dimension absehen; im Gegenteil: Die Ressoucen zum *Leben mit Leid, Begrenzung, Einschränkung*, aber auch das Hoffnungspotenzial liegen gerade in dieser Dimension. Entscheidend für diese Arbeit der Seelsorge ist zunächst nicht die christliche Deutung, sondern die *Offenheit für die Innenseite* von Lebensprozessen.

2. Beispiele für die Arbeitsweise

In der hier gebotenen Kürze können Struktur und Methode der seelsorglichen Angebote nur angedeutet werden. In der Regel geht es um Kurzzeitseminare von 1½ bis 2 Tagen. Dabei gilt es, einen Spannungsbogen aufzubauen und das Seminar in einen ‚Durchgang‘ zu

---

*) „An der Harvard Medical School werden neuerdings Einführungskurse über Spiritualität und Medizin angeboten: Die angehenden Ärzte sollen lernen, die religiöse Haltung der Patienten sowie die eigene Spiritualität in den Heilungsprozess einzubeziehen." (Schneider-Harpprecht, C.: Gott heilt mit, DIE ZEIT 1998, Nr. 42, S. 57)

bringen, bei dem die Teilnehmer beispielhaft Situationen neu er- und durchleben. In der Fallarbeit werden solche Situationen aus dem mitgebrachten Material gewählt, oder es werden Fälle mit den Teilnehmern zusammen aufgrund ihrer täglichen Praxis entworfen.

2.1 Wochenenden für Medizinstudenten und Pflegende

Im Folgenden soll am Beispiel von „Wochenenden für Medizin- studenten und Pflegende", die am Beginn jedes Semesters mit ungefähr 20–25 Teilnehmern stattfinden, die Arbeitsweise skizziert werden. Das Seminar „Was ist Gesundheit – was ist Krankheit?" soll als Beispiel dienen.

Freitag-Abend
1. Begrüßung der Teilnehmer, Vorstellung mit Namen.
2. Jeder Teilnehmer sammelt auf einem Blatt Gedanken zu seinem eigenen Verständnis von Gesundheit und Krankheit. Anschließend macht er daraus ein ‚Abstract' und schreibt auf blaues Papier einen Kernsatz zu „Gesundheit", auf gelbes einen zur „Krankheit". – Nach einem ersten Austausch in Kleingruppen werden im Plenum zentrale Themen herausgearbeitet. – Die Teilnehmer werden auf der ‚Denk'-Ebene abgeholt und ins Gespräch gebracht. Ziel ist: die Einzelperson, die Gruppe und das Sachthema so in Beziehung zu bringen, dass keine abgehobenen Diskussionen entstehen, sondern die beruflichen Themen mit der persönlichen Erfahrung und Kompetenz der Teilnehmer verbunden werden.

Samstag-Vormittag
3. a) „Wenn ich schon krank war, wenn ich krank bin – was bedeutet das für mich? Wenn ich gesund bin – wie fühlt sich das an?"
Jeder Teilnehmer malt auf ein großes Blatt das Ergebnis (oder schreibt ein Gedicht oder Sprachbild). Dieses Bild wird – wortlos – mit einem Partner ausgetauscht: Der schreibt oder malt seine ‚Reaktion' auf die Bilder des Anderen. Austausch in der Paargruppe.
3. b) Im Plenum stellen die Paare ihre Bilder und den Prozess vor. Hintergrundthema ist: Als Gesunder Kranken begegnen, als Kranker Gesunden begegnen – was geschieht da? Welche Bilder leiten mich dabei, wie kann ich anderen mit ihren Vorstellungen begegnen und angemessen auf sie eingehen?

Samstag-Nachmittag
4. An der Tafel wird ein ‚Fall‘ entworfen, bei dem es um ein Gespräch mit einem Patienten über dessen Lebensqualität geht. (Was ist für ihn Gesundheit, was Krankheit?)
Zwei Gruppen erschließen das Erleben:
– des Arztes
– des Patienten, der Angehörigen.
In einem ‚*Erlebnisspiel*‘ wird der Fall nachgestellt. Die Spieler sollen dabei nicht nur auf der äußeren Gesprächsebene bleiben, sondern immer wieder auch ‚hinter vorgehaltener Hand‘ ihr wirkliches Erleben aussprechen können, bevor sie wieder äußerlich handeln. Das ‚Erlebnisspiel‘, das bei jedem Wochenende und jedem Thema einen sehr spezifischen Entwurf braucht, ist meist die sehr ergreifende und bewegende Durchgangsphase des Seminars. In der folgenden Auswertung können Sach- und Bedeutungsebene, persönliches Erleben, berufliche Erfahrung, spirituelle Dimension, Rolle und Identität beispielhaft angeschaut und in Beziehung gebracht werden.
5. Statements aus der Literatur zu „Gesundheit und Krankheit“ werden mit dieser ‚Spiel‘-Erfahrung konfrontiert und die existenzielle Bedeutung von Gesundsein und Kranksein zur Sprache gebracht.
6. Abschluss: Die Teilnehmer schreiben einen ‚Brief‘ an sich selbst: „Der gute Arzt in mir sagt mir etwas zu meiner Gesundheit und Krankheit und zu meinem Beruf, der die Begegnung mit Gesundheit und Krankheit beinhaltet.“

Auf ähnliche Weise wurden bisher Wochenenden z.B. zu den Themen gestaltet:
– Offen sprechen mit Patienten
– Die Professionellen und ihre Gefühle
– Bilder vom Leben, Bilder vom Tod – am Beispiel von Hirntod und Organentnahme
– Kontakt und Beziehung im ärztlichen Gespräch
– Glaube und Heilung
– Mannsein – Frausein: Wie prägt das meine Medizin?
– Der Alltag hat’s in sich! – Möglichkeiten der Zusammenarbeit zwischen Medizinern und Pflegenden
– Gespräche mit Schwerkranken
– Zwischen Anpassung und Einzelkämpfertum – wie (über)leben in Beruf und Klinik?
– Kranken begegnen – selbst gesund bleiben?

- Behandlungsverzicht bei Schwerkranken – was kann, was darf der Arzt?

Aus diesen Wochenenden hat sich eine „Junior-Fallgruppe" für Medizinstudenten und Pflegende entwickelt, die jedes Semester neu geöffnet wird.

2.2 Fortbildungen für Ärzte einer Fachklinik

Als Beispiel möchte ich ein Seminar für alle Ärzte eines Hauses (außer den Dienst habenden) an einem Samstag skizzieren:

Thema: Die Arzt-Patient-Beziehung in Standardsituationen und in schwierigen Fällen

1. Offene Runde, Stuhlkreis, die Teilnehmer stellen sich der Reihe nach vor. Auf diesem Hintergrund sollen sie anschließend sagen, wie *sie* sich bei der Erstbegegnung dem Patienten vorstellen und sich den Patienten vorstellen lassen.

2. Die Teilnehmer schreiben auf ein Blatt den Namen ihres Faches senkrecht untereinander (z.B. ENDOKRINOLOGIE) und ergänzen zu jedem Buchstaben horizontal Begriffe und Assoziationen. Die Begriffe werden alphabetisch an eine Tafel abgerufen. Dabei entsteht ein reichhaltiges Bild der Innen- und Außenansicht dieses Faches. – Für den Leiter ist aufschlussreich, wieweit die Teilnehmer vorwiegend auf der ‚Denk'-Ebene anzusprechen sind und wie viel Durchlässigkeit für die Gefühls- und Beziehungsebene im Kreis ist.

3. Der Leiter gibt einen Modellfall vor (z.B. Patient mit Oberbauch-Beschwerden, 45 Jahre alt ...). „Sie haben die Aufgabe, dem Patienten nach vier Tagen Untersuchung ein erstes Ergebnis mitzuteilen."
a) Jeder notiert in Einzelarbeit Einfälle, Gefühle, Hemmungen, Wissen u.a. auf ein Blatt.
b) Zwei Gruppen bereiten sich auf ein Nachstellen der Situation, das Arzt-Patient Gespräch vor, zwei Teilnehmer spielen die Situation.
c) In der anschließenden Auswertung werden viele Aspekte angesprochen, z.B. anhand von Fragen wie: „Wenn ich der Patient wäre ...", „Wenn ich der Arzt wäre ...". – Dabei können die übrigen Teilnehmer einzelne Sequenzen herausgreifen und selbst neu ausprobieren (immer in wörtlicher Rede!).
d) Der Leiter kann dabei die Gesprächsdimensionen

– Inhalts- und Sachebene
– Gefühls- und Beziehungsebene
– Identitätsebene
– spirituelle und existenzielle Ebene
deutlich machen und Hinweise zur Theorie geben. Entscheidend ist
die Frage: Was kann der Arzt in seine Rolle hineinnehmen, wie kann
er in seiner Rolle die Beziehung gestalten?
Ziel ist, dass der Arzt die medizinische Ebene, seine Fragen, Informationen, Handlungen und Behandlungen so gestalten lernt, dass
eine Beziehung entsteht, die die Persönlichkeit des Patienten, sein
Befinden, seine Fragen, seine Krankheits- und Heilungsvorstellun-
gen und seine eigenen Kräfte genauso wichtig nimmt wie das medizinische Wissen und die ärztlichen Konzepte.
e) Ein nicht zu unterschätzendes Ergebnis eines solchen Seminars
ist: „So haben wir noch nie miteinander und noch nie mit dem Chef
zusammen gesprochen. Uns ist bewusst geworden, welche Themen
den Patienten wirklich bewegen und welche Vielfalt von Bedeutungen im Gespräch mitschwingen.“

4. Am Nachmittag variieren die Teilnehmer den Modellfall und verarbeiten dabei ihre alltägliche Berufserfahrung.
Auf Grund der Beobachtungen bei diesem Tagesseminar eruiert der
Leiter Themen und Defizite, die *weiter trainiert* werden sollen. Dafür werden fünf Termine der laufenden wöchentlichen Fortbildung
des Hauses genutzt.

2.3 *Skizze eines* 2-tägigen Seminars mit Pflegenden *im Rahmen
der von der Klinik als Dienstzeit zur Verfügung gestellten
Fortbildung.*

Thema: Sterben, Tod und Trauer – wie können wir die Übergänge
gestalten?

1. Gruppenaufbau (Steh-Soziogramm, Namen, „Was ließ Sie dieses
Seminar wählen?“)

2. „Welche Ereignisse fallen Ihnen ein, wenn Sie an Abschiede bei
Patienten denken?
(Denken Sie dabei nicht nur an die Situation des Todes)
– Was sind häufig wiederkehrende Situationen?
– Welche besondere Situation steckt mir noch unter der Haut?“

3. a) Welche Botschaften haben Menschen gegeben (Patienten, Angehörige, Therapierende)? Was habe ich da noch im Ohr?
b) Was höre ich hinter und in diesen Botschaften? – Arbeit am Verstehen und Arbeit an der eigenen Reaktion darauf.
Einige *Erschließungsmethoden für die Arbeit mit Fällen bzw. ‚Botschaften'* seien hier nur angedeutet.

– Fallarbeit mit Hilfe der ganzen Gruppe: Nachfragen, Assoziationen der übrigen Teilnehmer, Reaktionsvorschläge ...; dann Frage an den Fallgeber: „Was davon erschließt Ihr Erleben und die Situation, und wie würden Sie heute reagieren?"
– ‚Statue': Der Fallgeber sucht sich Teilnehmer, die einen Aspekt an der Situation darstellen und gestaltet daraus eine ‚Statue'. Diese teilen ihr Erleben mit und können dann die Konstellation verändern: „Wie es auch anders gehen könnte." Der Fallgeber kann dadurch zu neuen Einsichten und Verhaltensmöglichkeiten kommen.
– Der Leiter geht mit dem Fallgeber nochmals in die Situation, „als ob sie im Hier und Jetzt geschehen würde" (Tageszeit, Stimmung, Gesichtsausdruck, Stimmungslage des Patienten, Geruch, Gedanken, Gefühle ...). Der Fallgeber darf in diesem ‚Innenraum' die vergangene Situation neu erleben, vertieft wahrnehmen und sein Verhalten neu ausrichten. (G. Buffo)

Auf solche Weise werden ‚Fälle' neu ins Erleben gebracht, die Teilnehmer können auf Grund des jetzt bewussten und angereicherten Erlebens eine andere Einstellung gewinnen und anders handeln.
Abschließende Frage an den Fallbringer: „Ist der Patient, die Schwester, der Pflegende, der Arzt in Ihnen jetzt ‚erlöst'? Was brauchen Sie noch?"
Frage an die übrigen Teilnehmer: „Wo hänge ich noch, was brauche ich noch, um gut weiter arbeiten zu können?"

4. Gestaltung von Abschiedssituationen bei unmittelbar Sterbenden oder gerade Verstorbenen:
– Was gehört in meine Rolle, was nicht?
– Wie kann ich handeln (Anspielen einzelner Sequenzen)? Elemente eines Rituals für die Pflegenden.
– Was davon ist auf unserer Station gestaltbar?
– Wie kann ich die religiösen Bedürfnisse der Angehörigen in Erfahrung bringen und darauf reagieren?

5. Wie gehe ich, wie gehen die Professionellen damit um, wenn jemand stirbt, gestorben ist?

Was mache ich persönlich damit, wenn mir etwas nachgeht? Wie ,verarbeiten' wir das auf der Station?

3. Die Mitarbeit der Seelsorge beim Anatomiekurs der Universität

Thema: Umgang mit dem Leichnam – Erschließung der Todes-Begegnung durch die Seelsorge

Die Klinikseelsorge in Mainz begleitet an einigen Abschnitten den Anatomiekurs der Universität. – Warum mischt sich die Seelsorge in diese zunächst rein wissenschaftliche Tätigkeit ein?

3.1 Das Problem ist zunächst Folgendes:

Wenn ein Arzt den Totenschein ausstellt, wird ein Mensch, der gerade noch Patient war, in einen *Verstorbenen ,verwandelt'*. Der Verstorbene hat seinen Namen, seine Angehörigen, seine Lebens- und Sterbegeschichte.

Durch das anatomische Verfahren wird der verstorbene Spender dann in eine ,Leiche' verwandelt. Das geschieht dadurch, dass alles abgeblendet wird, was diesen Menschen zur Persönlichkeit gemacht hat. Später wird auch noch alles ,abgeschnitten', was zur physischen Gestalt dieser Person gehört. Die Person wird in ein Präparat für das Studium verwandelt. Dabei entstehen Schnittstellen:

- einmal beim Abholen des Verstorbenen (die Trennung von seinem Umfeld), aber auch buchstäblich beim Konservieren und Präparieren,
- Schnittstellen aber auch im übertragenen Sinn:
- - zwischen den Angehörigen und ihren Verstorbenen,
- - zwischen den Leichen und den Universitätsangehörigen,
- - zwischen den Toten und den werdenden Medizinern,
  (Medizinstudenten werden ja durch die Erlaubnis zur Tabuverletzung von der übrigen Gesellschaft getrennt, um nach diesem Initiationsritus einen besonderen Beruf in dieser Gesellschaft ausüben zu können).
- - ,Schnittstellen' aber auch im Innern der Studenten, denn sie müssen ihre emotionale und Empfindungsseite abtrennen, um objektiv präparieren zu können.

Die Frage ist: Wo werden diese Schnittstellen wieder zu Kontakt-

und Berührungsflächen, bei denen das Persönliche und die Möglichkeit zur Ethik ins Spiel kommt? Wie werden vor allem Studenten an Schnittstellen so herangeführt, dass diese über die objektiven Lernmöglichkeiten hinaus zu Begegnungs- und Lernmöglichkeiten in einem umfassenden Sinn werden?

3.2 Seelsorge und Anatomie-Arbeit

Die Seelsorge an den Unikliniken nimmt die kirchliche Beerdigung der Spender vor. Vor vielen Jahren kamen Studenten nach der Beerdigung der Leichen auf die Klinikseelsorge zu.
Sie wollten an der Beerdigung ihrer Leichen teilnehmen und waren enttäuscht, dass das aus Gründen der Anonymität nicht möglich war. – Aus dieser Anfrage entstand zunächst eine intensive Begleitarbeit während des Anatomie-Kurses und ein Abschlussgottesdienst am Ende des Semesters, und zwar *nur für die Studenten*. Bei diesen Gesprächen stellte sich heraus, dass viele Studenten eine Verarbeitungsmöglichkeit zu Beginn und während des Präparierkurses brauchen. Zum Gottesdienst „Abschied von unseren Leichen" kommen zwischen einem Viertel bis zu einem Drittel aller Studierenden.
An den deutschen Universitäten reichen die *Maßnahmen um den Präparierkurs* von total anonymen Beerdigungen über ökumenische Abschiedsgottesdienste, bei denen Hochschulangehörige zusammen mit Angehörigen der Spender teilnehmen (an ca 50% der Hochschulen) – über eine Begleitvorlesung mit philosophischen Themen um Tod und Sterben bis zu einer intensiven Eröffnungsphase des Kurses (an bisher vier Hochschulen).
In der amerikanischen und kanadischen Fachliteratur wird die Gestaltung des Anatomiekurses seit Anfang der 70-er Jahre diskutiert (vgl. Blackwell 1979, Marks 1980, Penney 1987), und es gibt an mehreren großen Universitäten konkrete Modelle der Vorbereitung und Begleitung der Studenten.

3.3 Worum geht es und wie gestaltet sich diese Arbeit?

Zunächst gilt: Für die Medizinstudenten und Universitätsangehörigen ist die Begegnung mit der Leiche kein Trauerfall. (Wie sich eigentlich die Trauer bei Angehörigen *und* Spendern vollzieht, das müsste nochmals angeschaut und durch Umfragen erhoben werden.) Bei den Präparierenden löst diese Arbeit in der Regel keine Trauer aus, wohl aber bedeutet sie eine Begegnung mit Toten und mit dem

Tod. Nach den immer noch geltenden Ausbildungsparadigmen der Medizin ist die Begegnung mit dem Tod und deren Verarbeitung reine Privat-Angelegenheit derer, die die Medizin erlernen wollen. Dabei löst diese von den Studenten verlangte Arbeit eine Fülle von *psychischen und physischen Reaktionen* aus. Untersuchungen aus den USA (Penney 1980, Penney 1987) zeigen:

– Angst (bei 75%) bis Horrorvorstellungen (bei 11%),
– Ekel bis Abscheu,
– Übelkeit, Appetitlosigkeit, Schlaflosigkeit, Albträume,
– bei 40% tieferes Nachdenken über das menschliche Leben, bei 80% wurden Gedanken über Tod, Trauer und Sterben ausgelöst,
– 67% haben ihre Einstellung während des Kurses verändert: Sie würden sich z.B. selbst nicht als Spender zur Verfügung stellen,
– 64% der Studenten fanden, dass sie emotional nicht genügend auf diese Erfahrung vorbereitet worden seien.

Andererseits berichten viele Studenten von wachsender Ehrfurcht und wachsendem Staunen bei fortschreitender Kurserfahrung und von Gefühlen tiefer Dankbarkeit.

Dieses Erleben und den Wunsch nach *Verabschiedung der Leichen* greift ein Gottesdienst am Ende des Semesters auf.

Ein paar kurze Bemerkungen zum Gottesdienst „Abschied von unseren Leichen":

– Er richtet sich *nur* an die Studierenden und Universitätsangehörigen; ihre Art der Begegnung mit den Toten braucht einen anderen Abschied als die der Angehörigen und Familien der Spender. Ein Gottesdienst nur für die Studenten wird der besonderen Thematik der Lernenden und ihrem spezifischen Abschiedsbedürfnis gerecht.
– Er wird als ‚interreligiös' angekündigt, er ist also offen auch für Studenten anderer Weltanschauungen und Religionen.
– Der Gottesdienst beginnt mit einer Rückbesinnung auf den Kurs-Anfang: „Was haben wir im Lauf der Zeit ent-deckt, aber auch verletzt?" Dieser Teil endet mit einem „Kyrie-Ruf".
– Einen großen Raum nimmt der Fürbitt-Teil ein. Die Studenten schreiben auf Kärtchen (Übrigens: Fast alle tun das) eine Fürbitte, einen Dank oder einen Gedanken, die sie dem Toten und seinen Angehörigen noch mitgeben möchten. Diese ‚Fürbitten' werden eingesammelt und anonym vorgelesen – ein sehr bewegender Akt in jedem dieser Gottesdienste.
– Am Ende sollen sich die Studenten ‚im Geist' vorstellen, sie seien ein letztes Mal im Präpariersaal: „Mit welcher Geste, welchem

Wort oder Gedanken wollen Sie sich jetzt endgültig von Ihrer Leiche verabschieden?"
– Der Gottesdienst (und erst recht natürlich die Beerdigung) haben
den Sinn, die Leichen wieder in ‚Verstorbene' zurückzuverwan-
deln und die Angehörigen (oft erst zwei Jahre nach dem Todesfall)
endlich in ‚Hinterbliebene'. Vorher waren die Verstorbenen für die
Angehörigen – psychisch gesehen – in einem Schneewittchenzu-
stand. Wir erzählen den Angehörigen später bei der Beerdigung
vom Gottesdienst mit den Studenten – das ist ein großer Trost für
sie, weil dadurch der Zwischenzustand und die Zeit dazwischen
ein Gesicht erhalten.
Dann erst kann sozusagen für alle Beteiligten Frieden entstehen.

3.4 Die ethische Dimension

Alle die genannten Aspekte (also Gefühle der Studierenden und der
Angehörigen – bis hin zu Ekel und Witzen im Präpariersaal, die
Träume und Albträume und die Ehrfurcht – aber auch das gewissen-
hafte Lernen) sind für sich genommen schon *ein ethisches Anliegen*.
Dem Raum zu geben, ist ein Beitrag zur Humanisierung des anato-
mischen Verfahrens.
Aber es geht um etwas Grundlegenderes – nämlich um einen Beitrag
zur *Humanisierung* des *Medizin-Studiums*.
Ich gehe von der *These* aus, dass der Präparierkurs und die Arbeit an
Leichen Einweihungsriten für das Medizin-Studium sind. Hier wird
ein Paradigma für den Umgang des Mediziners mit seinen zukünftigen Patienten grundgelegt und das Paradigma für den Umgang mit
Tod und Trauer in der späteren Berufspraxis. Um die Einseitigkeit
dieser Paradigmensetzung aufzuheben und zu ergänzen, dazu
kommt ein Abschiedgottesdienst allerdings zu spät. Das muss schon
zur Eröffnung des Präparierkurses ins Auge gefasst werden. Und
zwar aus folgenden Gründen:

(1) Über viele Jahrhunderte hinweg begegneten auch jüngere Menschen dem Tod und Toten ständig in ihrem Lebensumfeld. Dort haben zugleich Riten, Haltungen und gesellschaftliche Bräuche diese
Erfahrungen aufgefangen und getragen. Noch bis über die Mitte des
20. Jahrhunderts hinaus konnte man davon ausgehen, dass die rein
naturwissenschaftliche Sicht der Anatomie automatisch durch die
persönliche und gesellschaftliche Erfahrung mit dem Tod ergänzt
und eingebettet wurde.

Eine Umfrage im Hörsaal zeigt, dass nur etwa die Hälfte der heutigen Studenten im persönlichen Umfeld Tote gesehen hat, erst recht keine nackte Leiche; noch weniger haben Tote berührt. – Der Präparierkurs findet also heute weitgehend ohne eine auffangende und das Leben begleitende Sterbe- und Trauerkultur statt. Daraus ist zu folgern: Die Institution, die die Begegnung mit Toten berufsmäßig verlangt, muss heute auf ihre Weise die *subjektive und in gewisser Weise kulturelle Verarbeitung ermöglichen,* die von der öffentlichen Lebenswelt nicht mehr zur Verfügung gestellt wird, um werdende Mediziner für die Begegnung mit Tod und Trauer in der klinischen Tätigkeit vorzubereiten.

(2) Der Präparierkurs stellt eine hohe Anforderung an die Psyche der Studierenden – anders als das Fach Biochemie oder das Physikpraktikum. Da werden dann sofort die Abwehr- und Einordnungsmechanismen eingeschaltet und sozusagen ‚mitpräpariert‘, die dann einsetzen, wenn es um so schwierige und ungeübte Erfahrungen geht wie die Begegnung mit Tod und Trauer. Für die Arbeit im Präpariersaal ist das sicher notwendig, aber als *einzige* zugelassene Reaktion keine ausreichende Basis für den *Umgang mit Tod und Trauer in der zukünftigen Berufspraxis.* Von Anfang an wird in der Regel nur die objektivierende Fähigkeit werdender Mediziner angesprochen und trainiert. Damit gibt das alte Lern-Paradigma bestimmte Signale dafür, wie der ‚Patient‘ Leiche zu betrachten ist: ob mehr unter dem Bild ‚Maschine‘ oder mehr mit dem Hinweischarakter auf das Wesen, das mit der Leiche verbunden war. Erfahrungen in der Klinik zeigen, dass oft Ärzte mit Tod und Trauer wenig anfangen können. Für viele Mediziner hört ihre Arbeit spätestens beim Tod auf. Der Kampf gegen den Tod ist eine öffentliche Sache, der Umgang mit den Toten und mit Trauer gelten als reine Privatangelegenheit der Angehörigen – und auch der Therapierenden.

(3) Werdende Mediziner lernen und trainieren im Präparierkurs gleich zu Beginn ihrer Ausbildung, ein Ganzes zu zerlegen und die *Funktion des Ganzen in den Teilen* zu suchen. Dem entspricht eine immer mehr in Einzeldisziplinen zersplitterte Medizin. Demgegenüber wäre ein systemisches Denken zu lernen, also die Fähigkeit, im Patienten ein organisches Ganzes zu sehen und die Funktionen aufeinander beziehen zu können. Das Präparieren, ohne die *abgeblendeten* Aspekte zu thematisieren und ins Lernen einzubeziehen, ist als Einführungsparadigma *ethisch nicht zureichend.*

Aus diesen Gründen lässt sich *das alte Ausbildungsparadigma* so nicht mehr aufrecht erhalten.

Um angehende Mediziner angemessen in ihren Beruf einzuführen, darf die Wissenschaft das Erleben nicht einfach abschneiden und damit die Entfremdung des Todes verstärken, sie muss es in den Lernprozess hereinholen und damit Verarbeitungsmöglichkeiten eröffnen. Ein angemessener Umgang sowohl mit den Toten als auch mit der eigenen Erfahrung dabei muss bereits bei der ersten wissenschaftlichen Begegnung mit ‚dem Menschen' ermöglicht werden. Sogenannte Sachzwänge führen dazu, dass die Eröffnung des Erlebens übersprungen wird. Gewöhnung und Verdrängung geschehen allzu schnell, die am Anfang noch vorhandenen Ideale der Studenten sind schnell unterlaufen und ein gewisser Zynismus im späteren Beruf grundgelegt.

Der Tod ist eine vieldimensionale Wirklichkeit, die auch für den Arzt mit der medizinischen Feststellung des Todes noch nicht erledigt ist. Da die Zurückbleibenden, die Angehörigen, erst nach und nach die Tatsache des Todes realisieren können und für das emotionale ‚Begreifen' einen oft lang dauernden Trauerprozess brauchen, werden Ärzte mit Aufgaben rund um den Tod konfrontiert, die über die Ausstellung eines Totenscheins hinausgehen.

Es bedarf also einer ärztlichen, also berufsspezifischen Kultur des Umgangs mit Tod, Toten und Trauer, um ‚den Tod' und Trauernden angemessen begegnen zu können. Sie kann bei fehlender öffentlicher Trauerkultur weder vorausgesetzt noch einfach unterschlagen werden, indem man Studenten unreflektiert und wie selbstverständlich mit Toten konfrontiert, als ob das ein rein naturwissenschaftlicher Tatbestand im erlebnisfreien Raum wäre. Eine solche Kultur muss bereits bei der *Eröffnung der Ausbildung* und *vor* der ersten Begegnung mit ‚der Leiche' eingeübt und von der Institution angeboten werden.

3.5 Daher praktizieren das anatomische Institut und die Klinikseelsorge seit wenigen Jahren ein *anderes Modell,* bei dem die sonst abgeblendeten Gedanken, Gefühle und Erlebnisanteile schon vor Beginn des Präparierkurses angesprochen werden.

Elemente dieses Modells sind:
Vorbereitung des Anatomie-Kurses mit dem ganzen Lehrkörper und den Hiwis: zweimal bei der Kursvorbereitung und zwei Supervisionssitzungen nach den ersten Erfahrungen im Kurs.

Der Seelsorger arbeitet aber auch bei der Eröffnungsveranstaltung im Hörsaal mit, um die Studenten auf die Todesbegegnung vorzubereiten, also dann, wenn man hoffen darf, dass die Empfindungen und Gefühle noch nicht abgespalten sind. Da setzt die Ausbildungsleitung Signale für den Umgang mit dem Tod.

Themen dieser Einführung durch die Seelsorge im Hörsaal sind:
- Wer hat schon einmal eine Leiche im persönlichen Umfeld gesehen/berührt?
- Wer schon im beruflichen Zusammenhang?
- Gedanken, Empfindungen, die beim Wort ‚Leiche' spontan einfallen.
- Die Studenten machen Notizen, die an der Tafel abgerufen werden. Dabei wird deutlich, dass sich das Thema ‚Leiche' nicht auf einen rein objektiven Tatbestand reduzieren lässt: An der Tafel entsteht ein ganzer ‚Kosmos des Menschlichen'. Diese Thematisierung ist ein Signal, dass die Empfindungen erlaubt sind, die sowieso in den Studenten und ‚im Raum' sind.
- Was bedeuten Reaktionen wie: Ekel, Witze machen, Neugier, Angst, sich gefühllos empfinden, Träume, ...? Bedeutung von Tabus um Tod und Tote: nicht nur Abwehr und Angst, sondern auch Schutz und Ehrfurcht.
- Die Fähigkeit, auf ‚zwei Beinen' als Arzt zu stehen: Wechsel von der objektiven zur subjektiven Haltung und zurück. Integriertes Arztsein. Menschen reagieren verschieden auf die Begegnung mit dem Tod: Denker, Fühler, Tuer.
- Verschiedene Möglichkeiten und Medien, wie die Studierenden sich während des Kurses selbst helfen und begleiten können, um die Begegnung mit den Toten für ihren Lernprozess fruchtbar zu machen. (Tagebuch, Gespräch mit Kommilitonen, Gedenkkerze am Abend eines Präpariertages anzünden, auf Träume achten ...)
- Hinweis auf die Austauschgruppe, Gottesdienst am Ende des Semesters, Beerdigung der Leichen durch die Seelsorge, Seelsorge als Bindeglied zu den Angehörigen.
- Am Ende werden die Studenten aufgefordert, zu notieren (also nicht nur im Kopf, sondern wörtlich), mit welcher Haltung sie selbst gleich der Leiche begegnen wollen. (Nach Beginn des Kurses ist diese Frage meistens schon durch die vorhandene Spannung und Aufgabenstellung zugedeckt.) Eine ähnliche Funktion hat ein ausgeteilter Fragebogen, den die Studenten in den näch-

sten Tagen ausfüllen können und in dem die Todesbegegnung begleitende und aufschließende Fragen gestellt werden.

Die Angst von Anatomen, Studenten seien nach einer solchen Eröffnung nicht mehr arbeitsfähig, ist unbegründet.

Untersuchungen aus Amerika zeigen: Das *Einbeziehen der subjektiven Lernmomente befreit eher die Arbeitsfähigkeit* und Kreativität, es führt auch zu einer höheren Studienbefriedigung.

Es ist ein Mythos, dass man das Empfinden gar nicht wecken dürfe. Befreite Subjektivität ermöglicht eine differenzierte und qualifizierte Objektivität. Die subjektive Seite ist sowieso da, die Universität setzt durch eine solche Einführung das Signal, dass es normal und ‚erlaubt‘ ist, nicht nur mit dem Kopf und den Händen, sondern auch mit Empfindungen, Gefühlen, Erinnerungen, Fantasien bei der Arbeit und beim Lernen zu sein.

3.6 Natürlich ist eine halbe Stunde Eröffnungszeit wenig. Es wäre gut, wenn die Studenten *Kurs-begleitend* die andere Seite des Medizin-Lernens einbeziehen könnten.

Wichtig für die Eröffnung des Medizin-Studiums ist also nicht nur *der Abschluss eines Trauerabschnitts, sondern bereits die Eröffnung der Todesbegegnung.* Denn der ‚Einschnitt‘, den die Anatomie vornimmt, ist nicht nur ein Einschnitt in die Leiche ‚draußen‘, sondern auch ein Einschnitt in den persönlichen Lernhaushalt der Studenten ‚drinnen‘; er ist auch ein Einschnitt ins Menschliche überhaupt. Diese ‚Einschnitte‘ sind nicht reine Privatsache, die man bei sich allein verarbeitet. Sie sind in gewisser Weise öffentliches Interesse – auch ein kirchlich-seelsorgliches.

Es ist ein Beitrag der Seelsorge – bei verschwindender öffentlicher Trauerkultur – eine professionelle Kultur der Sterbe- und Todesbegegnung im klinischen und ärztlichen Bereich zu entwickeln. Dieses Anliegen geht natürlich über die Anatomie-Arbeit hinaus. Es müsste studienbegleitend wach gehalten und vor allem in den klinischen Semestern intensiver in Studium und Begegnung mit den Patienten integriert werden.

Literatur

Andriessen, H. (1982). Lebensweg, Lebenssinn und pastorales Handeln, Düsseldorf.

Andriessen, H. (1992). Das zerbrochene Bild. Begleitung bei existentiellen Glaubensfragen. In: Müller, W. (Hg.): Psychotherapie in der Seelsorge, Düsseldorf, 55–78.

Bardé, B. (1988). Die Rolle der Seelsorge im Krankenhaus – soziologische und psychologische Aspekte. Vortrag auf der Jahrestagung der AG der Ev. Krankenhauspfarrer in der Ev. Akademie Tutzing, 29. Sept. 1988.

Baumgartner, I. (1990). Pastoralpsychologie, Düsseldorf.

Becker, H.J. u.a. (Hg.) (1987). Im Angesicht des Todes, Bd. I, St. Ottilien.

Berger, P. L. (1970). Auf den Spuren der Engel, Frankfurt.

Berkel, K. (1990). Organisationspsychologie der Gemeinde. In: I. Baumgartner: Handbuch der Pastoralpsychologie, Regensburg, 303–331.

Blackwell, B., Rodin / A.E., Nagy / F. and Reece, R.D. (1979). Humanizing the Student-Cadaver Encounter. General Hospital Psychiatry, 315–321.

Borobio, D. (1978). Die ‚vier Sakramente‘ der Volksreligion. Concilium, 14, 117–125.

Dolto, F. (1985). Der Machteinfluß des Segens auf die psychische Identität. Concilium, 21, 130–139.

Eibach, U. (1994). Der Tod – Eine Herausforderung an das ärztliche Selbstverständnis und die Mediziner-Ausbildung aus der Sicht eines Krankenhausseelsorgers. Zeitschrift für Medizinische Ethik, 40, 113–117.

Gallmeier, W.M. (1996). Der Arzt. In: Rationalisierung vor Rationierung, Dokumentation der Mitgliederversammlung 1995 des Katholischen Krankenhausverbandes e.V., Freiburg, 5–11.

Gestrich, R. (1991). Das seelsorgliche Gespräch in der Krankenpflege, Stuttgart u.a.

Haferlach, Th. (1994). Das Arzt-Patient-Gespräch, München.

Hartmann, G. (1993). Lebensdeutung: Theologie für die Seelsorge, Göttingen.

Hauschild, E. (1993). Was ist ein Ritual? Wege zum Menschen, 45, 24–35.

Heller, A. (1990). Seelsorge in der Krise der Krankheit. Krankenhausseelsorge. In: I. Baumgartner (Hg.): Handbuch der Pastoralpsychologie, Regensburg, 443–461.

Heller, A. (Hg.) (1994). Kultur des Sterbens, Freiburg.

Heller, A. (1997a). Im Mittelpunkt steht der Mensch ... In: Konturen künftiger Krankenhausseelsorge, Dokumentation der Tagung der deutschen, österreichischen, schweizerischen und südtiroler Krankenhausseelsorge, 21.–25. 04. 1997 in Salzburg, Hg.: AG der Österreichischen Krankenhausseelsorge, Wien. Eigene Vervielfältigung.

Heller, A. (1997 b). Seelsorge, ein Gesundheitsberuf im Krankenhaus. In: ders., Stenger, H.: Den Kranken verpflichtet, Innsbruck, Wien, 49–64.

Hiddemann, W. (1997). Ärztliches Selbstverständnis. Vortrag beim 10. Nauroder Ärztetag, Wiesbaden-Naurod.

Huber, E. (1997). Liebe statt Valium – Die neue Heilkunst geht aufs Ganze. Publik-Forum, Nr. 20, 22–23.

Husebö, S. (1996). Der Arzt und der schwerkranke Patient, Mitschrift zur Vorlesung an der Uniklinik Mainz.

Josuttis, M. (1993). Seelsorgebewegung und Praktische Theologie. Wege zum Menschen, 45, 460–471.

Josuttis, M. (1996). Die Einführung in das Leben, Gütersloh.

Juchli, L. (1994). Pflege. Praxis und Theorie der Gesundheits- und Krankenpflege, 7. neu bearbeitete Aufl., Stuttgart, New York.

Kappauf, H. / Gallmeier, W.M. (1992). Schwerpunkt Onkologie an der 5. Medizinischen Klinik Nürnberg. In: Adler, R. u.a. (Hg.): Integrierte Psychosomatische Medizin in Praxis und Klinik, Stuttgart, New York.

Kastenbaum, R. (1996). Cookies baking, Coffee brewing: Toward a contextual theory of dying. Beiträge zur Thanatologie, H. 2, Universität Mainz.

Klessmann, M. (1990). Seelsorge im Krankenhaus: Überflüssig – wichtig – ärgerlich! Wege zum Menschen, 42, 421–433.

Klessmann, M. (1996 a). Seelsorge in der Institution Krankenhaus. In: ders. (Hg.): Handbuch der Krankenhausseelsorge, Göttingen, 13–27.

Klessmann, M. (1996 b). Krankenhausseelsorge als Dienst der Kirche in der pluralen Gesellschaft. In: ders. (Hg.): Handbuch der Krankenhausseelsorge, 270–279.

Klessmann, M. (1997). Die prophetische Dimension der Seelsorge im Krankenhaus. Wege zum Menschen, 49, 413–428.

Ludwig, K.J. (1976). Seelsorge am Sterbenden. Signum, 48, 81–84.

Marks, S.C., Jr., Bertman S.L. (1980). Experiences with learning about death and dying in the undergraduate anatomy curriculum. Journal of Medical Education, 55, 48–52.

Mayer-Scheu, J. (1980). Vom „Behandeln" zum „Heilen". Die Aufgabe von Theologie und Seelsorge im Krankenhaus. In: ders., Kauntzky (Hg.): Vom Behandeln zum Heilen. Die vergessene Dimension im Krankenhaus, Wien u.a., 74–180.

Meerwein, F. (1985). Das Erstgespräch auf der Abteilung für medizinische Onkologie. In: Bräutigam, W. u.a.: Das therapeutische Gespräch mit Krebskranken, Bern, 41–66.

Penney, J.C. (1980). Reactions to Human Dissection. A Report, and a Proposal for Curriculum Modification. No Magazine indication.

Penney, J.C. (1987). „The Evolution of a Medical School Curriculum in Death and Dying" Journal of Palliative Care 3,2, 14–18.

Petzold, H. (1984). Integrative Therapie – der Gestaltansatz in der Begleitung und psychotherapeutischen Betreuung sterbender Menschen. In: I. Spiegel-Rösing (Hg.). Die Begleitung Sterbender, Paderborn, 431–500.

Petzold, H. (1997). Vortrag im Rahmen des Studium generale an der Universität Mainz, Nov. 1997.

Pompey, H. (1998). Religiosität in der Lebens- und Leidbewältigung von Tumorpatient/Innen. Krankendienst, 71, 188–199.

Rohr, R. (1995). Masken des Maskulinen, 2. Aufl., München.

Schellenberger, B. (1997). Spirituelle Wendezeit, Freiburg.

Siegrist, J. (1996). Seelsorge im Krankenhaus – aus der Sicht der Krankenhaussoziologie. In: M. Klessmann (Hg.): Handbuch der Krankenhausseelsorge, Göttingen, 28–39.

Simon, L. (1986). Erwartungen an den Seelsorger im Krankenhaus. Lebendige Seelsorge, 37, 17–23.

Smeding, R. (1993–1996). Fortbildungsseminare „Trauer erschließen".

Smeding, R. (Red.) (1995). Anregungen zur Entwicklung von Leitlinien in der Trauerbegleitung, Tagungsunterlagen zum Symposium „Leitlinien zur Trauerbegleitung" 19.–23. 06. 1995 in Bad Segeberg. Übersetzung aus dem Englischen der „Statements on Death, Dying and Bereavement", Hg. von: IWG (International Work Group on Death, Dying and Bereavement) King's College (Ontario) 1994. Bad Segeberg, Dok 4, 20–28.

Székely, A. (1981). Struktur und Dimension der Krankenhausseelsorge. In: Die Gestalt des katholischen Krankenhauses, Hg.: Kathol. Krankenhausverband Deutschlands e.V., Freiburg, 89–93.

Wahl, H. (1997). Zwischen Theologie und Psychoanalyse: Joachim Scharfenbergs. Impulse für die Religions- und Pastoralpsychologie. Wege zum Menschen, 49, 439–458.

Watzlawick, P. (1995). Vom Unsinn des Sinns oder vom Sinn des Unsinns, München.

Weiher, E. (1997). Über die Notwendigkeit und die Bedeutung kategorialer Seelsorge. Anzeiger für die Seelsorge, H.1, 7–11.

Werbick, J. (1994). Kirche, Freiburg u.a.

Wienau, R. u.a. (Hg.) (1984). Tod und Sterben, Berlin, New York.

Zulehner, P.M. (1980). Kirche, Anwalt des Menschen, Wien.

Zuhlehner, P.M. (1987). Heirat – Geburt – Tod, eine Pastoral zu den Lebenswenden, 5. Aufl., Wien.

Zulehner, P.M. (1990). Pastoraltheologie, Bd. 2: Gemeindepastoral, Düsseldorf.

Zulehner, P.M. (1991). Moderne Religiosität. Theologie der Gegenwart, 34, 83–95.

144